河出文庫

# マスードの戦い

## アフガニスタン伝説の司令官

長倉洋海

河出書房新社

# 目次

マスードの戦い◉目次

# マスードよ、安らかに眠れ！

二〇〇一年九月九日。反タリバーン連合総司令部ホジャガァルディンで、ジャーナリストを名乗るアラブ人二人にインタビューを受けている最中、ビデオカメラに仕込まれた爆弾が炸裂、マスードは斃れた。イスラム狂信派と見られる自爆テロだった。「カブールに進撃したら、オサマ・ビンラディンをどうするつもりか」と問われ、答えようとした時を狙われた（負傷した側近の証言）。米国の世界貿易センタービルなどへの同時多発テロが起こる二日前のことだった。

当初、マスードの死亡説と生存説が交錯した。「生きていてほしい」。私は生存に一縷の望みを賭けていた。ソ連軍や対立するグリラ勢力のヘクマチャール派、そしてタリバーンと何度も暗殺の危機を乗り切ってきた彼が簡単に死ぬはずがない。神が彼の命を奪うはずがない。

ヨーロッパ滞在中の戦士モスリムから、「大丈夫だ。マスードは治療のためパリにやってくる」と聞かされ、ホッとした。パリに飛び立とうとも思った。が、翌日、マスードの危篤説が流れ、またモスリムに電話すると、「マスードが逝ってしまったのを一時間前に知った」と沈んだ声で言った。涙があふれて止まらなかった。ただ悲しく、寂しかった。

前回のインタビューでは「父は九十三歳まで生きたから、自分はそのくらいまで生きるよ」と話していた。まだ四十八歳の若さだったのに。これからもずっと彼を撮り続けるつもりだったのに。

彼と別れたのは、二〇〇〇年夏。タリバーンが北部の拠点タロカーンまで三キロに迫っていた時だった。攻防が二カ月続く中で、マスードと一緒に最前線に向かったが、彼は国境に向かうヘリに私を残すと、最前線に飛び降りた。一緒に下りようとする私に首をふり、厳しい表情で「行け」と命じた。抱擁も別れの言葉もなかった。

大国や近隣国の介入を排したアフガニスタンの独立と自由を願い続けたマスード。侵攻してきたソ連軍、そして、隣国パキスタンの軍事支援を受けるタリバーンと戦い続け、混乱のアフガンを駆け抜けたマスード。彼の存在はタリバーンの抑圧から解放されたいと願うアフガニスタンの人々の希望だった。

「私が死ぬとき、それは神の意志だろう。ただ、その時までを燃焼するように生きたい。神の御加護あるかぎり戦う」とマスードはいっていた。一九七五年の武装蜂起から二十六年。いつも戦いの中に身を置いてきた彼の肉体は消耗し切っていたが、アラーへの信仰を支えに闘ってきた。神はいま、戦い続けてきた彼に休息を与えたのかも知れない。そして、マスードの魂は、愛してやまないアフガニスタンと人々をこれからも見続けていくに違いない。

九月十六日、マスードはパンシール川とヒンズークシの山並みが望める故郷の丘に埋葬された。葬儀の列は途切れなく続き、人々の泣き声が峡谷にこだました。

「友よ、安らかに眠れ！　愛しの大地アフガンに」

二〇〇一年十月十日　長倉洋海

# マスードの戦い

この本を
司令官マスードと
パンシールのイスラム戦士に
捧げる

This book is dedicated
to Commander Massoud
and Mujahideens of Panjshir.

# 第一章　アフガニスタンへ

彼は目の前にいた。

爆撃で土壁が崩れ落ち、窓ワクが歪んだ薄暗い部屋の奥で、薄いショールを頭からすっぽり被り、生きているのだろうかと思えるほど静かに眠っていた。

数人の側近と護衛の戦士（ムジャヒデン。正確には聖イスラム戦士）たちが、彼を取り巻くようにして座っている。壊れた窓から、午後の淡い光が差しこみ、涼しい風が流れこむ。いま、彼は確実に私の目の前にいる。アフガン戦争の英雄マスードがすぐそこに、手を伸ばせば届くところにいた。

百二十キロにわたるパンシール峡谷の入り口にあるショタルの町をでたのは、パキスタンをでてから十日目の夜明けだった。その前日、ショタルの司令官からお茶に招かれている間に、同行してきた戦士たちに取り残された私は、馬子と二人でパンシール峡谷に入った。峡谷の中心の町ルハで馬子とも別れて、一人でマスードを捜し求めた。午後になって、バザラックの町でやっと彼の居場所を見つけだすことができたのだった。一九八三年四月末に日本を発って四十日目のことだった。

彼は静かに起き上がった。鷲のような鼻と射るような眼光。「アッサラーム・アレイコム」(〃貴方の上に平安を〃イスラム圏のあいさつ)。私のアラビア語のあいさつに、彼の険しい表情が幾分か和らいだ。その瞬間をとらえて、一気に喋りだす。まだこの埃だらけの異邦人の正体がわからずにいる彼に。私が何者で、なぜここにきたかを。

「この男はファルシー(アフガニスタンで使われるペルシャ語)を話すよ」

彼は驚いたように、側近の方をふり向いてつぶやいた。

「アフガニスタンの戦争、この聖戦(ジハード)を貴方を通して描きたい。そして、そのためには二カ月、三カ月、いや何カ月でも貴方と一緒に暮らしたいのです。それが私がここにきた理由です」

といい終えた時、彼の鋭い目が細まり、シワの多い顔に照れを交えた微笑が浮かんだ。

その表情を見た瞬間、私は「やった! 彼と暮らせる」と思った。そして彼が「タシャコール」(申し入れ、有り難う)とはにかむようにいった時、私を確実に受け入れてくれたことを知った。この男と会うことのみを思い、彼の名をうわ言のように呟きながら、一カ月間、パキスタンのペシャワールを奔走してきたのだ。

〃アハマッド・シャー・マスード〃。この名を知るようになったのは、いくつかの外国紙が彼を紹介していたからだ。「ゲリラ戦で見事な指揮と知識を発揮したので、ここアフガニスタンでは、チェ・ゲバラ並みの名声を得た」とこの二十九歳の若き司令官を、「クリスチャ

◀アハマッド・シャー・マスード

ン・サイエンス・モニター」紙（81・9・23）は紹介している。

また八〇年の私のアフガン解放区入り以来、私のもとに送られてくるイスラム戦士の機関誌「ミラー・オブ・ジハード——イスラム戦士の声」にも、八〇年春以来、ソ連軍の大攻勢を破り続けてきたマスードが英雄として幾度も紹介されている。英国のＩＴＮテレビも、十二日間の旅を経て彼のもとを訪れ、取材を行っており、そのニュース映像の一部は日本のテレビでも放映された。

首都カブールの北で、パンシール峡谷五千のイスラム・ゲリラ戦士を率いて戦う若き指導者マスード。ソ連軍に〃パンシールのライオン〃と恐れられ、中国の毛沢東にも、チェ・ゲバラにも擬せられるゲリラ戦の英雄マスード。私は「この男に会いたい」と思い、「彼がどう戦い、どう生活し、何を考えているのか」を知りたいと思った。そして「マスードと彼の戦いを通じて〃アフガニスタンの戦争〃を描き、報告してみたい」と考え始めた時、アフガン行きは決定した。八三年四月、アフガニスタンの雪解けを待って、私は日本を出発した。

## パキスタンへ

二年五カ月ぶりのペシャワールは雨だった。降ってはやみ、やんでは降り、街全体が季節はずれの雨に冷え切っていた。道は泥まみれになってはいたが、果物と野菜、そして羊肉が腐りかけた匂い、かぎタバコ（ナソワール）の匂い、ドブ川のすえた匂い、路地から立ちのぼる大小便の匂いが雑然と混じりあってペシャワールの街を包んでいるのは二年半前と同じだった。そして、そこを行くチャドル姿の女、子ども、物乞いの母子の姿も以前と変わらなかった。十年前も百年前も、千年前もこうだったに違いない。

ムジャヒデンたちのオフィスがあるファキラバード。アフガン・コロニーとも呼ばれるこの一帯にはゲリラ側のオフィスが密集し、パキスタンに補給を受けにきたアフガンの戦士や逃れてきた難民たちでいっぱいだ。

ここはアフガニスタンかと錯覚しそうなほど、通りも路地もアフガン人ばかりだ。以前のオフィスでは人々を収容し切れなくなって、今は各出身省ごとにオフィスが分散している。訪ねた政治局のオフィスで、政治局員のナジブラーがここから姿を消してしまったことを知った。彼は以前、私の解放区入りをアレンジしてくれた男だった。結婚してアメリカに渡ったともいう。四年の戦いは、彼にとって長すぎたのだろうか。

私はパンシール・エージェンシーを訪ねることにした。そこが、マスードのいるパンシールに直接、隊を送り出す所だからだ。パンシールの戦士たちの住居を兼ねた事務所に入っていくと、以前、解放区のタガブ（カピサ省タガブ）に一緒に向かったラヒムラーがいるではないか。お互いの名を呼び合いながら抱き合う。

頭を剃りあげた彼のあごヒゲには、ずいぶん白いものが混じっていた。彼は興奮して、周りの人々に私のことを話し出す。彼らと七日間、歩き続けたこと、ファルシーを話すこと、タガブに一カ月以上いたことなどを戦士たちに話すラヒムラーに、彼らの写真が載っている写真集や雑誌のスクラップを見せる。

皆がそれに見入って「あいつが写っている。こいつは誰々だ」とかいい合っているところに、ムラードという男があらわれた。軍事局海外交渉課のヘッドだというこの男は、英語を話した。ラヒムラーが「彼に頼め」というので、私はパンシール入りのアレンジを依頼する。彼は了承してくれた。あとは彼らの返事を待つだけだ。

ホテルにもどり、ナン（小麦粉を焼いたパン）と辛しのきいたチキンカレーの食事をとりながら、同宿のジャーナリストたちと話をする。スウェーデンの記者は「この二カ月で、十二人ものゲリラ幹部が暗殺され、そのため党派間の対立も起きている」といい、また「パキスタン政府が難民をアフガン国境からインド国境の方に移そうとして、行きたがらない難民たちと対立、難民たちは、レーション（食糧分配）を受けとらず抵抗している」ともいう。ほかにも、ヘラート省ではノルウェーのジャーナリストが殺されたこと、オランダ人ジャーナリストがカブールに潜行中であることなどを教えてくれた。

朝になると、ムラードのオフィスから人が迎えにきた。タエという若者だ。彼もムラードも、インドの兵学校に留学していたという。が、その終了後、彼らは本国に帰らず、戦士側に加わったとも教えてくれる。オフィスに着く。ただ幾つかの机が置いてあるだけの何もないオフィスで、そこに五、六人の若者がムラードと共に働いていた。

現在、ペシャワールにあるゲリラ組織は主なものだけで七つあり、小さなグループも入れると二十近くあるだろう。その七つは、二つの連合に分かれている。

ひとつはムラードやマスードも属するジャミアテ・イスラミ（イスラム協会）やヒズビ・イスラミ（イスラム党、党首ヘクマチャール氏）、ヒズビ分派のハリス派などで〝アフガン解放のためのイスラム連合〃を形成。この連合はイスラム原理主義派（コーランとシャリア〈イスラム法〉によるイスラム国家の創出を目指す）の側面が強い。もう一方の〃アフガン戦士のイスラム連合〃は、穏健派的色彩が強い。前述のジャミアテ・イスラミとヒズビ・イスラミ、そして後者の連合の中心グループ、ハラカット（出発の意）の三つがゲリラ勢力の中で抜きんでている。各グループは過去にも連合、分裂をくり返してきており、部族間、人種間の対立もからみ、その抗争は激しいものがある。

ムラードは「今はジャミアテとかヒズビとか個別に窓口にならず、すべてが連合を通して行われており、資金も各派にではなく連合に入るようになった」といったが、それは建前であって、まだ現実はそうではないことをその後の取材を通じて知った。

彼らのアレンジを待つ間に、私はムラードの部下カゼムをガイドに病院を見てまわる。病院はジャミアテ・イスラミによって運営されていた。そこには、足を失った戦士、地雷を踏んだ子、爆弾の破片で失明した戦士たちが治療を受けていた。彼らは、ロバや馬の背に乗るか、歩いてここまできたという。傷口が化膿した匂いと消毒液の匂いが満ちた薄暗い病院（民家を改造したもの）で、戦士たちは孤独に、あるいは憔悴し切って見えた。

帰りのジープの中でカゼムがいう。「私はダウド時代（一九七三〜七八年まで統治したが、共産主義者のタラキとアミンに倒される）に国防省の役人をしていて、仕事で独、仏、英国にも行ったことがある。七八年、タラキの共産主義政権ができ、その抑圧から逃れるために妻や子、祖母を連れて十二日間歩いてパキスタンに逃れてきた」

運転していた男もいう。「俺はパクティア省に住んでいたけど、そこでソ連軍の爆撃をうけて、妻を失った。ソ連が憎い。ソ連人全部を殺したいくらいだ」

出発の連絡がなかなかこない。パンシール・エージェンシーの代表カーヌニに会う。彼は最近、マスードからの手紙を受けとったという。彼は「手紙には『一、天候が悪く、多くの雪が残っていること。二、途中で戦闘が多いこと。三、ソ連軍がジャーナリストを捕まえたがっていること。もしジャーナリストが怪我をしたり捕まれば、我々の革命への打撃になるので、今はジャーナリストを送るな』とある」というのだ。

カーヌニは私に「とにかく待て。雪が解けてからでも行ける」という。そこにいた副代表のアブドラーは「心配ない。明日が無理なら十日後、十日後が無理なら一カ月後がある」と気の長い説得をしてくれる。だが、出発までにどのくらい日数がかかるのか、予想されるソ連軍の春季大攻勢の前に着けるのか、と不安は増す。攻勢が一度始まれば、パンシールに入るのが難しくなってしまうからだ。

**イスラミア・イスラミア**

出発がいつになるかわからないので、私は毎日、パンシール・エージェンシーやムラードのオフィスに顔をだすことにした。ムラードのオフィスで働く連中が、私に話しかけてくる。

「日本人はアフガン人と同じくらい勇敢だ。ロシアを破ったんだからね」

「昔の話さ」

「日本の技術は進んでいる。対空火器を送れないか」

「日本は平和憲法があり、武器輸出も戦争もしない」

「じゃあ、ソ連の脅威にどう対処するのか。聞いたところでは、彼らは日本の一部を占領しているというじゃないか」

「ソ連が日本に侵攻してくることはないと思う。アフガニスタンは国際政治のエア・ポケットだったから」

「我々がここで負ければ、ソ連は日本にも西側諸国にも手を伸ばすよ」

ムラードのオフィスでショロオ（油脂と香辛料のスープに二、三切れの肉片を入れたもの）をご馳走になる。料理――といってもスープとナンだけだが――を運んできたカゼムがいう。「こんなもので申し訳ない。我々はここでは難民なのです。我慢して下さい」

ムラードは、イスラムへの関心があり、その知識を持つ私を、イスラム教徒にしようと努める。私が絶対神――宇宙を支配し、すべての摂理をつかさどるもの――の存在を認めるといったからだ。

彼は「その次に、ムハンマドは神の預言者であることを認めなければならない」という。そして「君がもし死んだらどうなると思うか」と問いかける。「死ねば、ただの物体となり、大地に吸収されて自然に戻る」と答えると、「もちろん、物体としてはそうなるが、魂は次の世界に行くのだ。そこで、新たなる生を享受するのだ。神は地上における悪と正義をみな知り抜いており、人は天国か地獄に行くことになる。預言者を信じ、イスラムの行をおこない、聖戦のために死んだら、君には天国が約束されている」といい、そして「君がアフガニスタンで地雷を踏んだり、砲撃を浴びて死んでも、皆、君のことを忘れていくだろう。が、イスラムの信仰を持って死ねたとしたら、その死は殉教となって、人々は君の写真を部屋に飾り、絶対忘れることはない。君がイスラムになることによって、私と貴方、貴方とカゼムは真の兄弟になれるのだ」と私の手を固く握っていう。

ムラードの瞳は輝き、目をそらすことができないほど真剣そのものだ。私は「アフガニスタンの中で、人々がいかに勇敢に戦い、生きているかを見てから、結論をだしたい」とその場をいい逃れた。アフガンのイスラム戦士たちが、物量と兵器の圧倒的不利の中で、死を恐れず戦いつづけているのは、この信仰によるのだろう。

毎日、顔をだしているパンシール・エージェンシーに行った帰り道、ほかのジァミアテの事務所の前を通ると、そこにラヒムラーがいた。そしてその横にいるのはパンチャガン（カピサ省にあり、タガブの北隣）のアハムッドではないか。

一瞬、目を疑う。こんなに早く彼に会えるなんて。彼に思わず抱きついて、力一杯、肩幅の広い彼を抱きしめる。それから頰を三度あわせてあいさつをする。彼は死なずに生きていた。この若い司令官アハムッドとは二週間ほど、同じ屋根の下で暮らし、ソ連軍の砲撃の中を一緒に逃げ回った仲間同士でもあった。

ここでは兄の家にいるという。当時、二十四歳で若くはつらつとしていた彼もずいぶん老けた。顔のシワも増え、歯も何本か欠けている。この二年半の間にずいぶん苦労したのだろう。

前回、撮影したプリントを持っていたので彼に渡す。その記念撮影の写真に写っている三人のうち、ニヤーク・アハムッド（二十二歳）は何とヒズビ・イスラミとの戦闘で死亡してしまったという。ソ連軍ではなく、同じイスラム戦士に殺されたなんて……。

その彼の横に写っているマナンはカルマル側に寝返ったというからまた驚きだった。「オマール（七五年、私がカブールでもらったイスラム名）がパンチャガンを去って、二カ月ほどしてからヒズビとの戦闘があって八人が死んだ。そして私のいた所はヒズビに占領されてしまった。今はタガブにいる」といい、また「いま、ペシャワールに百人の部下とともにきていて、百丁のカラシニコフ銃、十台のRPG対戦車砲を受けとった。ソ連のヘリがきた時、オマールと一緒に木の根っこに隠れていた子どもたちもきている」ともいう。私がマスードのところに行くつもりだというと、彼は「六カ月、マスードのところにいた。彼は非常に優れた司令官だ」と話す。

## ナイームとの会話

ムラードのオフィスに顔をだすと、マザリ・シャリフ（ソ連と国境を接するバルフ省の省都）からきていた男がいた。彼はマザリの話をしてくれる。

「司令官は二十七歳のザビウラーだ（彼はパンシールのマスードのもとで訓練を受けた戦士の一人で、マスードの友人でもある。ザビウラーは三千人以上の戦士を率いて北の要衝マザリでソ連軍と対峙している、有名な司令官）。彼は市の南二十キロの山中に要塞を築いて、そこにいる。戦士たちは時にはアム・ダリア川を越えてソ連領を攻撃するんだ。川幅が狭いところから川を渡るのだが、そこを泳ぐ時もあるし、羊の皮の浮き袋を合わせたイカダで渡ることもある。ソ連領のタジク共和国のタジク人三千五百人にジャミアテ・イスラミの身元証明書を発行していて、そのメンバーが向こうでは戦士たちを助けてくれる」

「五日前の戦闘では十六機のヘリコプターを落とし、九百人のパルチャミ（旗党。カルマル政権の与党）兵とソ連兵を死傷させ、戦士側も二百五十人が負傷し、百人がシャヒード（殉教者）になった」という。

マザフ・シャリフの話に関心を示す私にその男は「マザリ・エージェンシーに行ってみろ」といって一人の少年を案内につけてくれる。

このアズィズという体こそ大きいが、くりくりした目をもつ十七歳の少年は、カブールでの徴兵をのがれて、ムジャヒデンになるためパキスタンにきた。道すがら聞いてみると、父は教師で家族はカブールにいるという。

マザリ・エージェンシーは、パンシール・エージェンシーよりさらに奥の一角にあった。表にはトルクメンの男がＡＫ—47突撃銃をもって門衛をしていた。二階に上がる。階下では人々が夕食の炊事に忙しそうだった。

二階は居間と寝間を兼ねた屋上で、かなり広いスペースがあった。そこで会った男たちは私のファルシー語に驚き、親しみをこめて話しかけてくる。

一人の男は手の甲を弾が貫通していて、小指と中指二本の自由がきかない。肉がえぐれ、一部が盛りあがっている。

この家の代表としてでてきたエンジニア・ナイーム、彼は右足が不自由で杖をついて重い足をひきずるようにして歩いてきた。彼らから北の町マザリの激戦の模様を感じとることができた。

その場に居あわせたカブールのゲリラ隊長だという男は、私に「カブールにこい」という。「カブールの中心、カブール・ホテルの見える所にも、大統領官邸にも、市を見下ろすオスモ山にも行ける」というのだ。「十日後には出発し、到着後に市内で攻撃をかける。それも撮らせる」というのだが、私は半信半疑だった。

「パンシール行きが大事だから」と言って固辞する。

足の悪いエンジニア・ナイームと二人で話をする。

「カブール大学をでて、二年前まで役所で働いていた。戦士側に情報を流していたんだが、それがバレそうになって、カブールをあとにした。そして故郷のマザリで戦士になった。昨年は一人のオーストラリア人の記者を案内して各地の戦いを彼に見せ、二人でソ連領に入る直前に、私は足を撃たれてしまった。彼は何故、アフガン戦士がこんなにまで戦えるのかと驚いていた。他の国が、日本やオーストラリアがソ連に侵略されてもこうは戦えないだろうと。私だって、この戦いぶりに驚いているくらいなんだから」

周りの戦士の一人が今夜のBBC（ペルシャ語放送）が「アンドロポフが半年から一年後には撤退すると発表した」というニュースを流したと教えてくれる（事実の確認はとれていない。ソ連は直接、和平交渉には参加していないので事実とは思えない。カルマル政権がそれを匂わせた可能性はある)。

私は驚いて、よく聞いてみるとジュネーブ発らしいので、あまり信頼できない。私は「撤退するとしても、国際会議を開いて、アメリカ、パキスタンなどが、カルマル政権に一、二年の安全保障を与えなければ、彼らは撤退しない。そうでなければカルマルはすぐつぶれてしまうからだ。いままでの努力が無駄になるようなことをソ連がするはずがない。そして、その話し合いには、ゲリラ側は含まれず、大国のみの利害で動くだろう」と説明した。

すると、ナイームは「そんなことは我々が認めないし、カルマル政権の存続なんて許せない。もし、国連軍がカルマルを守るために駐留するなら、我々はそれを攻撃するだろう」といい、「が、その時、世界の世論はどうみるか」と私に聞いてくる。

私は「君たちは理解されずに孤立するだろう。ただ君たちが各派の対立なく一体となり、亡命政権ができるような状況になれば、世界も君たちの発言権を認めざるを得ないだろう」と答える。

彼は「各派の対立はパルチャミ(旗派。与党人民民主党にはハルク派〈人民〉とパルチャミがある。カルマルはパルチャミ派。前統治者のタラキ、アミンはハルク派)やソ連が多くのスパイを送りこんで対立をあおっているせいだ。私たちはお互いに争うことを望んでいない」という。

「そのとおりかも知れないが、現実に二つの連合とハザラ・グループ(中央高地に住む蒙古系の民族。人口の二〇~二五%)が別々に存在しており、連合の中でも、ヒズビは他グループ、特に同じ連合のジャミアテと争っている。戦士たちが傷つき、いがみ合っている。そんな状況の中で真の連合はできっこないし、多くの土地を解放しているにもかかわらず、大攻勢や大都市の占領ができないのもそのためだろう」と私はナイームにいう。
澄んだ目をもち、物静かで知性がうかがわれるナイーム。彼の真剣さに、私はその場を離れることもできず、議論は夜半まで続いた。

十二時をまわってから外にでた。ナイームのこと、彼と話したことを考えながら歩く。彼の「国連軍であっても戦う」という言葉がどうしても心にひっかかったからだ。彼ら抜きの解決が行われるとしたら……。大国は自分たちだけの政治解決をして、それを彼らに飲ませることに必死になるだろう。脅したり、時にはすかしたりしながら。そして、いうことを聞かなければただ抹殺していく。CIAやKGBを使って反対者や都合の悪い者を消し、マス・メディアに情報をリークして世論を操作していく……。

必死に戦う戦士たち。足を失い、手を失い、家族までも失っていく彼ら。彼らは、自らの信念のもとに戦っている。だが、彼らが必要とする対空火器は重機関銃を除いては皆無だ。

アメリカも中国も「ソ連の占領軍を悩ませ、泥沼に足をとらせておくこと」が主眼で、適当に援助をしてソ連を消耗させようとしている。決定的な援助――ミサイルや重火器――は与えようとしない。そんなことをすれば、東西緊張緩和という名の超大国同士の慣れ合い政治は崩壊してしまい、緊張が生まれ、その報復が、エルサルバドルで、パレスチナで、ソマリアであらわれるだろうからだ。

その超大国の政治かけひきとエゴの裏で、第三世界の人々の多くの血と無告の民の涙が無駄に流されていく。

――今日で十八日目。毎日の待ちぼうけでイライラし始める。体全体にかさぶたがかかってくるようだ。昨夜のBBCで、パリを訪れている抵抗運動の指導者が「ソ連とは長期戦になるのを覚悟しており、我々は十年でも戦い抜く」と宣言。ソ連に甘い考えを持っていないことを見せつけた。

パンシール・エージェンシーに行くと、ミスター・イングリッシュ（パンシールの学校でおそわったというひどいナマリの英語を話す）こと元教師のアブドラーが、衣装の上に青い背広をはおって上機嫌だ。

中庭では、コートをはおって喜んでいる戦士もいる。いつもカラシニコフ（AK―47）銃をもって門衛をしている戦士は、赤いトレーナーを着て、ジーンズをはき、カウボーイ・ハットをかぶって、中庭の段ボール箱の上に座っている。

私は思わず吹きだしそうになって、「ショラウィー（ソ連人）だ！　カフィール（異教徒）だ！」と叫ぶと皆が大笑いする。

中庭の段ボール箱の中身はフランスからの救援物資と医薬品だった。ボール箱は、税関のチェックと降り続く雨で、包装が破れ、グシャグシャになってしまっている。各部屋の戦士たちが、適当に薬を数箱ずつ持っていく。皆、何の薬かわからないけれど、役に立つだろうと持っていくのだ。
一人はポケットから説明書をとりだして、「何の薬だ」と私に聞いてくる。出発が近づいているの
を、他の男は手術用のハサミとナイフを大事そうに自分のバッグにしまいこんでいる。

だろうか。

しかし、戦士たちは「アフガンへの発進基地であるテレマンガル（パキスタン国境の町）から先では、シーア派（アフガンでもパキスタンでも多数派はスンニ派で、イランはシーア派が多い）のトーリイ族がムジャヒデン（戦士）を攻撃しており、すべての隊は出発できずにいる」といい、「その部族はソ連に買収されて通行の邪魔をしているんだ。そのために幾人かの戦士が死んだ」ともいう。

——もう、二十五日になる。本当に出発できるのだろうか。パンシール・エージェンシーに出発の有無を確かめに行く。代表のカーヌニはイランに子供用の教科書をとりにでかけていないという。

オフィスには足を戦闘で失った兵士たちが大勢いて、彼らは明後日、出発するという。皆、義足とは思えないほど、しっかりした足どりで歩く。「旅は大丈夫か」という私に、大丈夫さ。馬にも乗れる」と答える。義足の戦士を含めた数十人の戦士たちに、アブドラーが、おのおの六百ルピー（約一万二千円）を細かい札にして配っている。彼らの約一カ月分の給与にあたり、それが旅の費用のようだ。

義足の戦士が「俺たちとこいよ。そしていい写真をとってくれ」と私の手を握っていう。

その戦士に「戦闘は怖くないか」と聞くと、「そんなことあるもんか。もう一つの足を失っても、右手、左手を失っても、歯で対空機関砲の引き金をひいても戦う」という。彼は義足を得たので、父母と二人の兄弟が住むパンシールに帰るのだ。

アブドラーとムラードに、この隊に同行させてくれるように頼みこむ。どうやら、やっと出発できそうだ。明後日は、この戦士たちと旅を共にすることになるだろう。

## 片足の戦士たちと出発へ

出発に取り残されまいとパンシール・エージェンシーに泊まりこむことにする。アフガン人の衣装はそろっている。パキスタン警察がジャーナリストの出入国を嫌っているので、それにひっかからないようにするためだ。

泊まりこんで三日目の早朝、戦士たちがレンタルしたバスでペシャワールを出発。私たちは一路、パキスタン国境の中継基地のテレマンガルの町に向かう。

バスは難民キャンプの白いテントが散らばる光景の中を走っていく。現在、パキスタンには二百四十カ所のキャンプに三百万人といわれる難民がいる。同行しているこの戦士たちの友人や家族もそこにいるかも知れない。戦士たちはそのテントの光景を見やりながら、何を思っているのか押し黙ったままだ。

途中、イスラム教徒の墓——小山の上に板状の岩をたてかけただけのもので、地面に差された棹に黒い旗や白い旗がなびいている——を見かけると、皆、「アーミン」と両手をひろげて、次に両手をあごの下であわせて死者に黙禱を捧げる。

◀(上)パンシールに向けて旅を続けるイスラム戦士たち。◀(下)旅の途中、礼拝のため、川で体を清める片足の戦士

国境の町、テレマンガルは昨日からの雨でぬかっている。丸太小屋が建ち並び、人々でにぎわう様は、映画で見たゴールド・ラッシュに沸く西部劇の町のようだ。

町を貫く通りが一本。その通りの向こう側の広場には、出発を待つ何十頭というロバや馬がみえる。馬子たちが飼い葉を食わせている。この国境の町は、険しい山々に囲まれた盆地にある。周りの山々は、雪にすっぽり被われていて、雨の上がった青空とその雪山のコントラストが美しい。

ゲリラたちが、新しく手に入れた銃を試射する音がこだまする。ペシャワールから戦士たちを運んできたバスの下には、ぬかるみを避けてアフガン犬が手足をのばして、ゴロンと寝ころがっている（アフガン犬は羊の番をし、群れを襲ってくる狼と闘う）。町の通りに沿って、何十軒もの銃砲店や両替商の店が開かれて、店先にはカラシニコフ銃、G―3（西独製自動小銃）、RPG―7対戦車砲とたいていの火器がそろっていた。

この地域を含む、パキスタンの北西部はトライバル・エリアと呼ばれ、パキスタン政府の管轄外の自由地域である。アフガンのパシュトゥン族と同族のパタン族が、歴代のアフガン政府と連動してパシュトニスタン独立運動を行ってきたところでもある。

そのパタン族は戦争前から銃を常に携帯しており、その銃のほとんどはトライバル・エリアの銃器工場で作られたものか、十九世紀末の対英戦争の戦利品の旧式銃だった。だがいまは、ソ連製のカラシニコフ銃が圧倒的に多い。この戦争で、彼らの誇りともいえる銃も近代化しているわけだ。

武士が刀を持つように彼らは銃をもち、そして武士社会のように〝仇討ち〟があった。それは時には部族間の徹底した対立にまで進展することもあったという。

この地域はまた、アレキサンダー、ジンギスカン、チムール、ペルシャ帝国と常に戦乱に見舞われてきたところでもある。一人一人は勇敢で、侵入してきた侵略者を打ち負かすゲリラ戦にはすぐれているが、人々を組織化して、規律のもとに物事にあたるというのは苦手のようだ。自然の中で、自由気ままに生きてきたせいだろう。

この町で他の戦士二十人と合流して我々の隊は計四十人となる。宿に戻ると、一人の戦士が、まだ義足が足に馴染まないらしく、とりはずして、血のにじんだ足に包帯をまいていた。夜はハサック（南京虫）のでる宿屋で、故郷への土産に買った日本製のカセットコーダーにかけたアフガンの曲に皆で聞き入る。そのテープから流れる歌は、

同じイスラムの兄弟たちよ／西と東の残酷さを知って下さい／そして自分の宗教を守り／自分の国を守るために／注意を払って下さい／国の中に異教徒がいることを許さず／国から追い出し、西と東の残酷さを／忘れないで下さい

と歌っていた。

翌日、夜明け前に義足の戦士たちの乗った馬八頭と出発。強風の中、夜の明けかかったパキスタン・アフガン国境を越える。国境の峠を過ぎて、しばらく行くと雪山になる。馬は積雪地帯を人を乗せて進むのは苦手で、重みで雪にズボズボとはまりこんでしまう。仕方なく義足の戦士たちは馬を降りて歩き始める。慣れない義足で雪山の斜面をすべり落ちてしまう

戦士、戦友の肩につかまりながら急斜面をおりていく戦士、杖をつきながら自分一人で歩いていく戦士……。みんな、片足の不自由さにかかわらず、一言の愚痴もいわず黙々と歩いていく。やっと三日目には積雪地帯を抜けた。

風景は一変して、丘陵地帯となる。茶褐色の丘陵が大きくなだらかに起伏し、その茶褐色の中にわずかの緑が散らばり、人間と生命の存在を遠慮がちにさし示している。丘陵の上には崩れ落ちた土壁の廃虚がさびしく砂塵に吹かれて、我々の先を行く馬の隊列が、その光景の中を小さな点となって進む。義足の戦士が、雪山を越えて安心したのか、馬上で歌いだす。

戦いで私が死んだら／私は聖なる死者と／なるでしょう／きれいな松の木で私の棺を作って／ゆっくりゆっくり黒い土の上まで／運んで下さい／そして、大きな声で泣いて下さい／私が死んだら／普通の死者とは違い（殉教者なので）／いつまでも生きて／いけるでしょう／あとに残された人々よ／いつまでも私達を忘れないで下さい

貴女の目はパラワン地方の／アーモンドのような目です／私が死ぬ時には必ず／私のそばにきて下さい／そして貴女の手を／私の首にまいて下さい／そうしたら私はやすらかに死ぬことが／できるでしょう／どうか、それだけを私にして下さい

ソ連軍のコントロールするアジア・ハイウェイ（イランからヘラート、カンダハール、カブールを経て東のジャララバード、パキスタンに抜ける舗装された幹線道路）を前にして我々の旅はより厳しくなっていく。

ソ連軍のヘリによる監視と攻撃をかわすため夜の行軍が多くなるからだ。夜通し、山を登

り、岩だらけのガレ場をつめていく。石につまずきながら、月もない闇の中を星明かりだけを頼りに進む。口の中は乾いてザラザラになり、ツバも喉を通らない。

そんな行軍の中、山中でチカチカするランプを見つける。「助かった！」。遊牧民のテントだ。人がいるのだ。出迎えてくれた遊牧民は、ナン（パン）を分けてくれたり、何十人もの戦士に貴重な水を差しだしてくれる。そして、一人一人に「アラーは偉大なり。戦うイスラムに勝利あれ」といって手を握りしめてくる。彼らも戦士を支援することで聖戦に参加しているのだ。

深夜のアジア・ハイウェイを横切って越える。そこを無事に抜け切ると、また丘陵、砂丘が続く。砂漠の干あがるような酷暑の中を、直射日光をまともに受けながら歩く。身を隠す岩場すらもない。ただ、ひたすら砂丘が続く。そんな中で、一人の少女に出会った。遊牧民の少女だ。手にはコップ一杯の水を大事そうに持っている。我々戦士に道をゆずり、自分は斜面を降りて歩いていく。向こうで羊の番をしている妹に水を運ぶのだろう。遠い井戸から運んできたに違いない。

砂丘を歩きながら、一緒になったタホールの戦士たちと話をする。ロケット・ランチャーやロケット弾を背負っている。

——どうして戦うの。

「ソ連軍が私の国を占領しているから戦うんだ。共産主義は良くない。我々が祈ること、断食することを許さないから。我々はソ連人を殺して、奴らを自分の国から追いだす。だけど、ハルクやパルチャミはソ連人よりも悪い。なぜって？　ソ連人を連れてきたから。アフガニスタンはイスラムがすべてだ。イスラムを信じている者は、他の宗教を信じている者よりも強い。我々は何も怖くない。我々は最後の血の一滴まで戦う」

やっと丘陵の端に小さな岩陰を見つけて入りこむ。そこにはすでに私の先に、ポリタン代わりのやかんをもって歩いていた坊主頭のムラー（イスラム僧）が休んでいた。彼に聞く。

——聖戦とは。

「アラーのためだけに我々は戦います。コーランにはこうある。『必要な時に、自分の財産、命を犠牲にしなければならない』と。だから神のため、すべてを犠牲にします。なぜなら、戦ってシャヒード（殉教者）になって天国に行き、神と会えるということは最高の幸福なんですから。だから戦う人は、初めから聖なる人となります。弾が体に当たって死ぬ時は、天国から天使がやってきて、その魂を天国に運んでくれ、他の死者とは違う扱いになります。それればかりか、シャヒードになれば、自分と関係のある七十二人の人々をも天国に行かせることができるんです。シャヒードはイスラム教徒にとって実に名誉なことなんです」

彼はコーランの一節を唱える。

「おお、平安なる魂よ／歓迎を受け喜びをもって／なんじの主のもとにかえれ／われに仕える者の仲間となり／わが楽園に入れ」（聖コーラン第八十九章二十七—三十節）

六日目、丘陵地帯を抜けると、遥かかなたに雪をかぶったパンシールの山並みが見えはじ

◀パンシール川で木の実を餌に釣りをする男たち

めてきた。タハールの戦士たちの歌声が聞こえる。

神は偉大なり（アラー・アクバル）
我々ムジャヒデン（聖イスラム戦士）は最後まで戦う
最低の奴らをやっつけるまで
神は偉大なり、神は偉大なり
我々はいつもこの言葉を繰り返すんだ
おーい、人をだます奴らよ
お前たちが残酷な熊であることは皆、知っている
いやお前たちは熊よりも残酷かも知れない　頭が蛇のようだ
アラー・アクバルの力があれば、いくらそんな顔をもっていても
お前たちに勝ち目はない
我々の武器は弓やオノだけだ
我々に命令するのは神で、人間ではない
正しい戦いを続ける人々よ、万歳
侵略する奴らを打ち負かせ
おーい、戦士たちよ、兄弟たちよ
おーい、神に祈る人々よ、勇敢な人々よ

残酷で、侵略している奴らを倒そう
我々は神のために聖戦をしている

途中の宿営地で、私たちはパンシールからのグループと会った。五人の戦士が地雷で足をなくして、これからパキスタンに向かうところだった。

その中にはパンシールで最も勇敢な戦士の一人といわれたグライダーという男も入っていた。私が義足の戦士たちと旅をしてきたことを知ると、彼は真剣な表情で「彼らの義足はどうだ。ちゃんと戦えるようになるか。どこの国の義足が良いんだ。ドイツか、イギリスか」と問いかけ、不安をのぞかせる。

「足はソ連軍の対人地雷にやられた。敵を十人くらい殺して武器を奪ったんだが、占領した陣地に敵機がやってきて取り戻されてしまった。ソ連がなぜ悪いって？　当たり前じゃないか。奴らは我々の土地を占領しているんだぞ。怖いかって？　怖いことなんてない。我々はイスラムの信者だ。パキスタンで義足を得たら、またパンシールに戻って銃をとって戦うんだ」と力みながらいう。彼らはパキスタンに出発していった。私たちはパンシールに向かう。

寄る先々の村で、村人たちがこの戦いをどう思っているのか聞いてみる。

ある年寄りがいう。

「我々は戦車がくると戦う。そうすると飛行機がきて爆撃する。けれども、我々は一人でも生き残ったらまた戦う。ソ連軍の方は不利になると普通の村人の家を襲い、民間人を殺す。

何もできないから私のような年寄りを殺す。人間だけでなく、ロバや牛、羊まで殺すんだ。そして我々のものを奪って逃げるんだ」

村の店主がいう。

「我々が戦士のために食料品を見つけることをやめたらどうなる!? 戦士たちはああいう風に戦っている。我々はこういう風に協力して戦っていくんだ。貴方はイスラム教徒ではないけど、我々に協力・援助してくれるならいい人だ。もし、ソ連人のように侵略してくるなら、貴方たちの首を落とすこともいとわないよ。わかったかい。国連でも国際法でも侵略はいけないとあるじゃないか。ソ連はこの国から出なくちゃならない」

私と一緒にパンシールに向かう片足の戦士たち、カシム（二十一歳、元農業）、ハーン・モハマッド（二十二歳、元農業）、アブドラ（二十歳、元運転手）、ゴラム・ラスール（二十一歳、元労働者）、アブドル・ハシーム（二十歳、元学生）、ゴルバハール（二十歳、元機械修理工）……。

彼らはみな、「聖戦とは侵略者ソ連を追いだすこと。恐怖？ 我々はイスラムだ。全然怖くない。我々にはアラーがついている」と口をそろえて同じことをいう。皆、死ぬことが怖くないというが、本当に怖くないのだろうか。

パンシールの山並みが、ぐっと迫ってきた。一年ぶりのパンシールを思ってか、歌が自然に戦士たちの口をついてでる。

▲(上)パンシール川のほとり。木陰で憩うイスラム戦士たち

――朝、アラー・アクバル（神は偉大なり）の声を聞いて目が醒めたら／私の口から「ムハンマドは我々の指導者です」という文句がでました／私はただ貴女を愛するためにきて／またすぐ戻りたいと思っています／自分の気持を貴女に説明したいだけのためにここにきました／でも私の気持を貴女に言えるか言えないかはわからないけど／もし、できなくても私の心だけは／貴女の足元において帰ります

今度は戦士たちの馬子をしている少年がキンキンするくらいのにぎやかな声で歌いだす。

神よ、我々の戦いに力を授けて勝利に導き／我々の敵に、私たちの本当の怖さを知らしめて下さい／彼らの心に「負ける」気持を入れて下さい／私たちの敵がもし／たくさんの武器を持っていても／それでも神よ、貴方の力で／彼らに「負け」の気持を植えつけて下さい／ああー神よ／何の力もない人のために／この悲しい声を聞いて我々を助けて下さい／ソ連軍に負けを、イスラム軍に勝利を／アラー、おお神よ／我々は人間ですから／間違いがあればお許し下さい／預言者ムハンマドのためにも／我々は何度でもお祈りしますから／それを是非かなえて下さい

八日目の夕方にはソ連軍のバグラム空軍基地を見下ろせる山の上まできた。この基地がある平原を抜けるとパンシールだ。我々のグループのリーダー、ナイームが他の地域のグルー

◀一二〇キロの大河に沿って、多くの村々が点在する。それがパンシールだ。

プを合わせた総勢二百人のリーダーになり、全員等間隔で、バグラム基地の脇を通り抜けることになる。夜の十二時までずっと歩きづめで砂塵の中を進む。

まったくの闇夜で、前の人間からすこしでも遅れると、先行者を見失うほどだ。時おり基地のサーチライトがこちらを照らし、すぐ向こうには基地の金網も見える。それを横目にひたすら早足で基地の横を抜けた。

今度は川だ。片足の戦士カシムの馬に便乗させてもらう。馬が深みで流れに足をとられ、グラッとした時はひやりとしたが、何とか持ち直して、ホッとした。他の戦士たちは靴を脱ぎ荷をかついで、下半身ずぶ濡れになって渡河する。先に渡った戦士たちがパトウ（マント）で冷えた体をつつみこみ、次の指示を待っている。皆、渡り終えると休む間もなく出発。

丘陵地帯に入り、激しく丘をのぼりおりして、ふっと歩いてきた丘をふり返って見あげると、小山の上を進む戦士たちの姿が稜線の上に美しいシルエットとなっている。彼らの後ろには星空がいっぱいに広がっている。パンシールはもうすぐそこだ。

# 第二章　パンシール

険しい岩場を片足の戦士たちは足どりも軽く進んでいく。前日、渡河の際、馬ごと横転して激流の中に放りだされ元気のなかったカゼムが今日は先頭を切って歩いている。両足のある私は彼らを追いかけるので精いっぱいだ。皆、パンシールを前にして、父や母、兄弟たちと抱き合い、語り合えるという期待に胸が高鳴っているに違いない。

私たちはとうとうパンシール峡谷の入り口までできた。峡谷が朝の光とともに、薄ぼんやり明るくなっていき、両脇の険しい絶壁にはさまれたパンシールが目前にみえる。

この貧しそうな峡谷が彼らの愛する故郷なのだ。パキスタンをでて九日目だった。遅れてくる戦士を待つ間に、ナジムとハーンが抱き合っている。二人は喧嘩して仲たがいしていたのをリーダーのナイームが仲裁して、故郷の入り口で仲直りさせたのだ。その故郷の峡谷が一望できる所まできた時、ナイームが峡谷の上流をのぞみながら嬉しげに、そして張りのある声で叫んだ。「パンシールだ！」

○コーラン・パ・マンジュン
バタフシャンへ
▲ジャルガァ山 6026m
▲カムルカン山 5609m
↑タハールへ
パリヤン
ダシュテレワテ
ヘンジュン
▲ダルリック山 5029m
▲サルカファール山 5809m
ヌーリスタンへ
河　川
幹　線
主要幹線
パキスタンへ→

アンダローブ(地方)
クンドゥスへ
ヘンジューン
バヌー
ベッサロー
プレソール
ポーランデ
ポーランデ川
チモール・クルダ川
サラン
サラン峠
4719m
4275m
サンゴナ
バザラック
ルハ
ザモンクール
4005m
シャモリー
サラン・ハイウェイ
ショタル
オノア
ムラー
3851m
ダシュタック
ドロンサンガ
ゴルバハール
ゴルバン
ジャバルサラージ陸軍基地
マハムッデ・エラキ
チャリカール
ネジラーブ
バグラム空軍基地
タガブ
カラバウ
カブール川
カブール
→ジャララバードへ

昔、この辺りを支配していた王が各地域に徴兵の命をだし、この地域には五百人の割り当てがきた。しかし、この地域の人は五人の兵士しか送らなかった。王は、大そう、腹をたてたが、人々は「彼らは人ではありません。五匹のライオンです。五百人分の働きをするでしょう」といった。彼らは実際によく戦闘して働き、それをみた王も満足して、この地域をパンジ・シェール、即ち〝五匹のライオン〟と名付けた。それがパンシールの名の由来だという。

アフガニスタン北部のパンシールやバタフシャンには、まだ虎がいるといわれる。格闘したという人にも会った。「虎」が次から次へと動物を襲い血をしたたらせたものとして描かれるのと対象的に、「ライオン」は、弱い者いじめをせず、腹が満ちるとそれ以上、無益な殺生をしない勇敢なものとして、アフガン人には受けとられている。自然、ライオンを歌う詩も多くなる。

**パンシール峡谷**

アフガニスタン。六千メートル以上の高さを持つヒンズークシ山脈が東西に中央部を大きく貫き、国土の大部分が山岳地帯である。その上、南部は砂漠地帯で、可耕地はわずか一二パーセントといわれる。二万以上の村落の半分は冬季、雪に埋もれる。

パンシール峡谷は、首都カブールの北方百キロに位置している。峡谷を流れるパンシール川は百二十キロにわたり、さらにその後、カブール川と合流してパキスタンに注ぐ大河である。その百二十キロの峡谷に沿って展開する村落がいわゆるパンシールである。

パンシールはカブールとソ連を結ぶ大動脈サラン・ハイウェイに近いためその戦略上の意義は高く、よく組織化されたゲリラ部隊とマスードのカリスマ的人気を恐れるソ連軍は六度にわたる大攻勢で、ゲリラの聖域パンシールを壊滅しようと試みた。ソ連軍の空陸からの攻撃で、峡谷内の家、商店、学校、寺院の八〇パーセントが破壊され、家畜の八〇パーセントが殺傷された。十万に近かった峡谷の住民は、戦闘で多くが避難していたが、いまはそのほぼ半数が戻り、現在、五、六万の人々が生活を営んでいる。

峡谷への入り口でもあるショタルの町から中心地のルハを抜け、バザラックでマスードと会えたのだが、途中の道のりで見た家々の破壊はすさまじく、戦闘の激しさをうかがい知ることができる。

崩れ落ちた土壁のガレキの中で、人々は総出で、家財道具を掘りおこしていた。崩れた土壁の上に、美しい一輪の花が咲き始めたように、人々も破壊の中で自分の生活を取り戻し始めていた。

ルハと並ぶ中心地でもあるバザラックの町も、戦争前は二十軒以上の店が並び、休日の金曜ともなると、カブールで生活しているパンシールの人々――商人、出稼ぎ者、学生が車を連ねて故郷に戻り、金曜礼拝（ジュマ）は人々でごった返していたという。しかし、いまは主要な建物も破壊され、バラック建ての店がわずか八軒ほど開いているにすぎないし、道路も地雷の敷設や破壊工作でデコボコになってしまっている。

マスードと

わずかの昼寝の時間を私に破られたマスード。「ずいぶん忙しいと聞いたが、私が一緒にいてもよいだろうか」というと、彼は「そんなに忙しかったら昼寝なんてできないよ」と笑って答える。そんな会話も束の間、彼の部屋には次から次へと大勢の人々があらわれる。皆、マスードの決断を仰ぎ、書類や手紙へのサインを求める人たちだ。彼は部屋いっぱいになった訪問者たちの相談事を次々と片づけていく。ある者にはやさしく肩をだきかかえて話し、ある者には叱りとばす。その処理の速さに私は驚いてしまう。

「アフガン人は討論、討論で、何も始まらない」というのが、私のアフガン戦士観だったからだ。「貴方の仕事ぶりの速さはすごい」というと、「速いのはいけないかい」と微笑んだ。

事務を終えると、彼は私を連れて外にでた。山の斜面をのぼり、一軒の家に入る。家の中では三人の男たちが迷彩色の生地にミシンをあてていた。マスードが入ると、皆、仕事の手を止めて立ち上がる。ここで特別部隊用の戦闘服を作っているのだ。マスードは試作品をとりあげて、ポケットの位置や強度について話しながら、試着してみる。

そこをでると、マスードは彼の司令車でもあるソ連軍のジープに乗り、川の上流部に向かう。マラスパという村の前でジープを止め、一人の男に話しかける。その男はしばらくすると素晴らしい栗毛の馬を連れてきた。マスードの馬だ。彼は盛んに調教の具合を聞いている。そしてその馬に乗ると、川沿いに思い切り疾走させた。彼はブズカシ（馬に乗り羊を奪い合う、アフガンの国民的スポーツ）が好きなのだ。

◀多くの人々がマスードのもとに相談にやってくる。その合間に笑顔を見せるマスード

パンシール川でウズ（礼拝前に水で体の各部を清める）をすませ、夕方の礼拝を終えると、彼は弟のズィアに私を家に連れていくように命じて、仕事の打ち合わせのために集まった幹部たちと連れだって歩いていった。彼は行く先々でそのまま泊まることも多いが、意識的に寝場所を一ヵ所には固定していないようだ。ソ連軍による暗殺の心配があるためだろう。幾つもの家を順ぐりに泊まりにいくという。

**バザラックの町で**

私は久しぶりに体を洗い、衣類に住みついたシラミを殺し、パンシールでの初めての夜を快適にすごすことができた。

翌日、バザラックの町にでると、店先には牛肉などの他に干しぶどう、懐中電灯、電池、タバコ、ガム、ビスケット、カミソリなどが売られている。一軒の店先には、ソ連軍の制服や靴などまでが並べられている。ソ連軍の制服は一着二百五十アフガニー（一アフガニーは約五円）。

一歩、路地に入ると、ソ連軍の薬莢や缶詰の空き缶がたくさんころがっている。マスードは二人の護衛を連れただけでバザラックの町にでてきた。早速、彼の周りを相談事をもった人々や戦士が取り囲む。私と一緒にパキスタンからきた戦士たちが、彼の前にでると小さくなってモジモジしている。マスードは司令官をさらに統轄するアーメル・サーブ（頭領）なのだ。

マスードは戦士の一人に、私をルハに連れて行くよう命じる。ルハには破壊された戦車や

◀釣りに集まった子どもたち。川辺にはソ連軍の残した薬莢が散らばっていた。

ヘリコプターが多いという。ルハに行ってみると、町のあちこちに破壊され、赤くサビついた装甲車や戦車が放りだされており、川の中にはまって激流を浴びている車両も多い。ソ連軍が川に架けようとした戦車用の鋼鉄の橋も破壊され、さらされている。

そのすぐ脇のチャイ・ハナ（茶店）では、老人たちがお茶を飲んでいる。近づいてみると、その中の一人は、肩からPK機関銃の弾帯をかけ、ソ連軍の軍服を着た白髪の老戦士だった。

彼の名はハジ・モハマッド、七十歳。

——ずっと戦ってるの。

「五年前からです。我々はカフィール（異教徒）を、この地から追いだす。共産主義は神を持たず、聖書も持たない。聖書がなければ、どんな物も大事にできない。我々は神の命令で戦わなければならない」

——以前の職業は。

「前は車を持っていて運転手をしていた」

——マスードをどう思う。若いけど。

「マスードには、神が力を授けたんだ。神が彼を戦う人に作ったので若さはかまわない」

珍しそうに私たちの周りに集まってきて、写真を撮ってくれとせがんでいた子供たちが、大人たちにうながされて歌を歌いだした。

イスラムは永遠に続く宗教だ／イスラムは偉大な波だ／イスラムは光だ／私たちの信じるコーランの力で／侵略者たちは恐怖を感じ、負けている／私たちは戦い、敵を打ち砕く／ああ、神様／戦士をいつまでもお守り下さい／おーい、敵よ、最低のソ連人よ／私たちの国からでていきなさい／私たちの国では、男も女も立ち上がり／貴方たちを追いだそうとしているのだから

## マスードの生活

バザラックでの取材を終えると家に戻った。なにせパンシールは標高二千メートルもあり、結構、歩き回るだけでも疲れる。中に入ろうとすると、鍵がかかっているではないか。仕方なく表に座りこんでいると、他の人たちがやってきて、私に「誰もいないのか」と聞く。彼らは手紙を持ってきたらしく帰ろうとしない。すると、四メートル近くの塀の上に、ヌロゴ（家の執事兼料理番）があらわれて、彼らに「誰もいない。俺も鍵がなく、裏から入ったんだ。手紙をおいていけ」と叫ぶ。

おそらくマスードは大事なことをしていて誰にも会いたくないに違いない。それで居留守を使っているのだ。

その人たちが帰ってから、ヌロゴに塀から鍵を投げてもらい中に入る。ズィアに録音した子供たちの歌を聞かせていると、部屋からマスードがニコニコしてでてきて、「取材はどうだった」と聞く。

部屋の中をのぞくと大机の上に多くの書類や地図が広げられている。作戦を練っていたのだ。マスード、弟のズィア、ヌロゴ、側近たちと皆で、パネル（チーズ）とケシメシ（干しぶどう）のおやつをとりながら話す。ヌロゴが、ソ連軍の弾薬箱の板でつくったベッドをだ

◀イスラム戦士たちの訓練にあたるマスード。ダシュタックの戦士学校で。

してくる。マスードは、それに横になって、周りの山々を見ながら、対空砲の位置について話している。

かと思うとマスードは突然、日本について尋ねはじめた。私は鎖国のこと、そしてその後の経済的発展、人口が多すぎて、一生懸命、働かなくては生き抜くことが難しかったこと、物価が高いことなどを話す。彼は「前に映画で見たが、すごく車が多くて、公害もあるというが、どうなのか」と聞いてくる。また、「日本での結婚はどんなスタイルなのか」「魚をどう食べているのか？ 肉は？」「箸はどう使うのか」など質問は尽きない。「日本の歴史を本で学んで、その発展の過程に興味がある」という。

夜はアラビア語の本を読み、ズィアにアラビア語の文法を教えたり、各地からの手紙を読む。読み終わった手紙は片っぱしから破りすてていく。食事を終え、礼拝をすますと、一人で部屋にこもり、机の上にランプを置いてじっと地図を見ながら考えこんでいる。他の護衛や側近、そして私たちは先に眠りにつく。彼はまだ寝ないで仕事をするようだ。

朝、四時半にマスードに全員起こされる。礼拝の時間だ。彼は数時間しか寝ていないだろう。私も眠いが、皆の礼拝が終わるまで、体を起こして待つ。マスードはその後、読書をしてから、ナン（小麦粉のパン）とチャイ（お茶）の食事をとる。

側近のビスミラーとトウジュデンがポケットや胸に手紙や書類をたくさん溜めこんでいたのを見ると、「どうしてこんなに溜めこんでおくんだ」とあきれながら、読んでは破りすてていく。そして八時前には護衛の二人を連れて、あっという間に外にでてしまう。

私はあわててカメラをつかむとマスードのあとを追いかけた。バザラックの町に入ると、人々が彼のあとを追ってぞろぞろついてくる。マスードが一つの建物に入ると、彼らもその建物に吸いこまれていく。ここも彼の執務室の一つのようだ。部屋に入りきれず、階段にも並びきれず、外に座って順番を待つ人々もいる。弾薬を分けて欲しいという他地方の戦士、住民同士のいざこざを解決してほしい人、パキスタンに行く許可を求める戦士、カブールに行きたいという老人、政府軍から投降してきた兵士……。とにかくすごい人だ。

私はマスードをジープの中で待つ間にウトウトしてしまった。人の気配でハッと目を醒ますと、ジープの前にマスードと側近たちがいる。私が居眠りしている間に、彼は四、五十人の相談をこなしてきたのだ。あわてて彼の席からおり、後部座席に戦士たちと乗りこむと、ジープは、二時間ほどの行程のルハに向かう。

途中、どの町でも、人々はマスードのジープを見ると、立ち止まったり、仕事の手を休め、右手をあげて、次にその手を胸に当てる敬意をあらわすあいさつを送る。マスードは時々、手をあげてあいさつに応える。デコボコ道をゆられ、川を越え、砂けむりをあげ、埃まみれになってジープは進む。ルハの大きなマジッド（モスク＝寺院）で午後の礼拝をすませてから、今度はゲリラ戦士の訓練場のあるダシュタックに向かう。

パンシールの下流にあるダシュタックには、全国から大勢の戦士たちが集まり訓練を受けている。おのおの故郷に帰って、新しく身につけたゲリラ戦法を使ってゲリラ戦を展開するためだ。マスードはここで五千人近くを訓練したというが、今は若い教官が育っているので指導は彼らに任せている。

建物の中に入ると、戦士たちがソ連製の無線機（R105）の講習を受けている。そこをのぞいたあとマスードはすぐとなりの部屋で横になる。とてもきれいな寝相で、死んでしまったのではないかと思えるほどだ。身動き一つしない。しばらくすると幹部たちがやってくる。三日後に行われるドゥシカ、ZPU－1などの対空機関砲の訓練の打ち合わせを行うためだ。

その相談を終えて表にでると、またマスードは戦士たちに囲まれてしまった。やっとジープに乗りこみ、またルハに向かう。ルハでもカラルガ（地区行政の単位）のオフィスで二十人近くの人々と会い、それからジャンガラックに向かう。

運転手のココの運転が荒っぽく、私たち後部座席の人間は、車がジャンプするたびに身体ごととび上がって、頭をぶつけてしまう。マスードがかわって運転し始める。彼は運転する方が好きなのだ。ハンドルさばきもいい。以前、日本製のオートバイを持っていてよく乗っていたという。とにかくスピードのでる乗物は好きなようだ。義足の戦士ハーンの家でチャイを飲み、そこで日没の礼拝を終えると、またほかの所に行くという。私とズィアは夜道をジャンガラックの家に戻る。彼の多忙さとその超人的な行動力にあきれてしまう。

**結婚式で**

バザラックの町を、男たちが旧式の猟銃を撃ち鳴らし、踊りながら通りすぎていく。結婚の祝いだという。その男たちの後ろにはチャパン（長袖繻袢）を着て盛装した男が馬上にいる。彼が花婿のようだ。

◀(上)副官たちと作戦を練るマスード（中央はアヤトラ・ハーン）

夕方になってから、パンシール川の支流の一つ、ポーランデ川をさかのぼって式の行われる家に行く。まだ始まっていないらしく、部屋で数人の男たちと待たされた。パキスタンから一緒にきたハーンもきている。

外がガヤガヤし始めた。花嫁がきたらしい。カメラを持って飛びだす。川向こうをさっきの花婿に続いて、チャドルをかぶった花嫁が馬で続いている。花嫁の所帯道具を箱ごと背負った男もくる。写真を撮ると周りの男に怒鳴られる。「女を撮るのは習慣に反する」というのだ。

また式に参加した男性全員が、花嫁の顔を見ることができないともいう。花嫁の顔を見られない結婚式なんてと私は思ったが、彼らの習慣ならいたし方ない。「じゃあ、結婚式って何をやるんだい」と聞けば、「集まった男たちに食事を振る舞い、男たちがお返しに式を祝って深夜まで、歌や踊りをくり広げるんだ」という返事。女たちは女たちで別に集まって祝うらしい。

宴の時間がきた。式にはどんな素晴らしいご馳走がでるのかと期待していた私はだされたものを見てがっかりしてしまう。ライスを油でいためた肉なしのパラオとナン（パン）だけだったからだ。

食事を終えて外にでる。男たちが三人、四人とどんどん集まってくる。ガス灯を木にかけて、男たちがタンブラ（アフガン琵琶）やタブラ（太鼓）に合わせて歌い始める。時がたち、人が増すごとに男たちの歌声は調子に乗ってくる。歌い、踊り、手拍子を激しく打つ。

◀(上)結婚式。楽器に合わせて、手拍子を打つ戦士たち。歌は夜通し続く。

マスードの護衛役のアモンが、私の手拍子が弱いと怒る。「さっき、何を食ったろう。それなら強く打て」というのだ。なるほど、人々は三十センチ以上も手をあけて、それから力強く打っている。私は手拍子を強く打ち始めてからアモンの方を見る。どうもおかしい。彼が手拍子の手を打つ瞬間に、手を間に差し入れてみると空の手拍子だった。格好だけは大きく打つように見せて、実際は打っていなかったのだ。アモンがニヤリと笑う。

ソ連軍の軍服を着た男が、中央に踊りでて、タブラをもって歌い語りを始める。

私は山岳地帯に住んでいる／私がここに座っていると／大勢の英雄たちがここを通りすぎていく／我々の敵がパンシールにくるなら／そしてそれが羽を持った鳥なら／我々は火である／奴らは火に焼かれて／炎の中に落ちてしまうだろう

おお神よ、かわいそうな人々をお助け下さい／戦士は偉大で強い／我々は神に、太陽に七つの空に向かっていう／我々は貴方の召使い／なのに、なぜ／助けて下さらないのですか／我々の今の生活は暗い／我々の生活に光を照らして下さい

ムハンマド！　貴方は多くの戦いと苦難を克服してきた

ムハンマドは強く、世界に幸福をもたらす

ムハンマドは指導者だ

ムハンマドは神の使徒で世界を照らす

あんな食事でどこからこれほどの元気がでるのだろうと思えるほど人々は歌い、合唱し、踊る。髪が手拍子の激しさに舞う。中央の軍服の男に、十アフガニー札、二十アフガニー札が投げられる。子供たちも木の陰から、大人のすき間から、眠たい目をこすりながら男の語りに聞き入っている。男は続ける。

我々のリーダーはマスードだ
マスードがアーメルになって
我々は幸せになった
汚いソ連人はでていけ
ここはライオンの人々が住む所だ
ロバのロシア人はでていけ
ここはライオンの住む平原だ
ロバの住む穴ではない
我々ライオンが勝利すれば
ロバのロシア人は死ぬだろう
我々戦士に勝利を
ロシア人に死を

若いアフガン人がアフガンのために働くということはソ連人を攻撃することだ
我々はアフガニスタンに正直でなければならない
身体を戦いに捧げよう
何人の人々がシャヒードになったかを忘れるな
ああ神よ、人々に統一を与えるように助けて下さい
そして我々に良いチャンスを与えて下さい
万歳！　万歳！　戦士万歳！
アフガニスタン万歳！

## マスードのやさしさ

マスードとジープでダシュタックに行く。訓練場にはマタハリック（遊撃隊）の1、2、3番隊や他にも大勢の兵士が詰めかけていた。まずZPU—2、ドゥシカなどの実射訓練が行われる。マスードはホイッスルを鳴らしながら、マタハリックを直接指揮する。彼の指揮でマタハリックが銃やロケットを持ってあちこち移動するが、マスードは厳しい表情でグループの間を走り回り、細かい注意や指示を与えている。訓練の合間には参謀と地面に座りこんで、地面に木の枝で配置図を描きながら、作戦を練る。やっと訓練が終わったかと思うと、また戦士たちや隊長が彼の周りに集まり、指示を仰でいる。マスードは他地方からの戦士の肩をたたいたり、胸をこぶしで突いたり、首に空手チョップを軽く浴びせるなど彼なりのコ

ミュニケーションを図りながら、戦士たちと話をしている。

戦士が他の人に聞かれたくない相談であれば、彼は気をきかして、グループから離れて歩いたり、座ったりしながら戦士の話を聞くといった具合である。人々はそんな彼を信頼し切っているように見えた。訓練場からの帰りは、皆がジープに乗り切れないとわかると、自分と弟のズィアがおりて、他の人を乗せて、自分はおり返しのジープがくるまで歩いていくという。

ルハで人々をおろすと、夜になってしまった。そのバザラックへの帰り道、後続のジープが見えなくなってしまう。心配した彼は車を止めて車のライトを使って信号を送る。が、返事がないと、人をおろし、急いでジープを見にいかせた。故障したのかも知れないと思ったのだろう。こんな思いやりが、部下たちの信頼を生むに違いない。

ジープで急いでいる時でも、老人が手を上げて彼に頼みごとをするのを見ると必ず車を止めて話を聞くし、歩いている老人を乗せることも多い。

マスードは軍事責任者だけでなく、パラワン、カピサの二省の行政最高責任者でもある。アフガニスタンは長老、部族長、封建地主、ムラー（イスラム僧）などの年長者に支配された社会であった。だが、戦争が新陳代謝を促し、いま確実に世代交代が行われ、各地にマスードのような若い司令官が続々と生まれている。彼も老人たちを無視しようと思えばできるのだが、長老たちに敬意を払い、彼らの面目を保てるようにしている。彼はいう。

「彼らとの関係は大変よいし、若いから力があるからと鼻を高くすべきでない。いつも年寄りを大切にする。革命とは年寄りに成果を見せるものでもある。いまは革命中です。そして彼らの経験やヒントを聞いて、それを時代に合わせて取り入れていく」

**カブールからの戦士たち**

各地から多くの戦士たちが、マスードを慕ってやってくる。マスードもまた、各地の有志や司令官に手紙を送り届け、彼らとの連携を深めている。全国からマスードの指導を受けるために集まってきた戦士たちの声を聞いてみる。

――シェール（二十七歳、カブール省パラワン出身、元公務員）

「四年前にパンシールにきた。マスードはアフガンの独立のために戦う本当のイスラム戦士で、英雄（カハラモン）だ。良い作戦をたて、組織化もよいので興味があった。以前はカブール大学の職員だったが、今はペンではなく銃を持って戦っている。将来はソ連に破壊されたアフガニスタンの再建のために働きたい」

――サイド・ジャファァール（パラワン出身の二十八歳。カブール大学卒、妻と一人の息子がいる）

「ハルク（人民党）が権力をとると同時にここにきて、聖戦の初めから戦っている。アフガン人の誇りを失わないためにここにきた。ここは百パーセント、イスラムによって自治されている」

――ムラー（パラワン出身、二十七歳。元エンジニア）

「軍事的なことをマスードから学ぶためにここにきた。ここにきて二カ月になる。マスード

◀戦闘に向かう直前の戦士たち。カメラに笑いがこぼれる。

が最も戦っている司令官だし、戦士として一番すぐれている。パラワンに帰って指導します。またわからないことがあったらここにきます。ここでは五千人以上が訓練を受けました」

——サーレ・モハマッド（二十歳、元学生。カブール出身）

「三年前は学生でカブールにいた。ソ連軍が占領しているから私は戦いを続ける。英国が三度も侵略したが、我々は戦い抜き、自由にした。ソ連がどんなに強くてもアラーの力のお陰で、彼らはでていく。預言者ムハンマドはいっている。『聖戦は終わることはない』と。ジハードは最後の日、世界が終わる日まで続くことになっているのだ。アフガニスタンは頑張れば、自分の手で指導者を選ぶことができる。私の考えはすべての人々の考えと同じです。アフガンの民衆が選んだ人を私は支持する」

——ソフィー・モハマッド（三十歳。タホール出身）

「マスードは本当のイスラム信者です。彼は神のために戦っている人です。アフガニスタンでは一番よく戦っていると思うし、アフガンを自由にするのも彼だろうと思います」

**休戦に至るまで**

ここでは、マスードにコメントしてもらう。

「パンシール峡谷は、一九七九年夏に共産政権に対する武装闘争に立ちあがり、峡谷を解放、サラン・ハイウェイを一週間、遮断した。

しかし武器の不足と組織の不整備から、一ヵ月後には峡谷の中心部から退却させられた。これはしかし戦士側にとって大きな教訓となった。一九八〇年春、ソ連が侵攻してきて、最初の攻撃（五千人）をするが失敗、その夏に二度目の攻撃（一万人）、冬に三度目の攻撃（二万五千人）をかけたが、ソ連側は逆にルハを失い、パンシールは完全に解放された。一九八一年の夏の四度目の攻撃は凄まじい爆撃をともなった。彼らはそのたびごとに攻撃人員を倍々に増やしている。

パンシールはその勢力の増長によって、アフガニスタン解放闘争の象徴となった。その勝利と経験は近隣の戦線の志気を大いに高めたし、政府軍内部にも反乱部隊を生むことにもなった。この峡谷の戦略上の意義と影響力から、八二年ソ連軍は大攻勢により、峡谷の物理的破壊を決定。これは将軍たちとブレジネフの許可を得たものだった。ソ連は二百機のヘリ、六十機のジェットを投入し、初めてのヘリ・ボーン作戦を展開し、近隣の山々にヘリを着陸させ、降下部隊をくりだした。

八カ月にわたる戦闘で、ソ連側は四十五機のヘリとジェット、七百両の戦車、装甲車、軍用トラックを失い、三万人のうち一万二千人のソ連兵、アフガン兵が死傷、逃亡、投降した。敵は何をなすべきかわからず、その軍事、政治的目的は挫折した。

ソ連軍は全家屋の八〇パーセントを破壊し、家畜を殺傷、果樹園を破壊したが、人々を戦士側から切り離すことはできなかった。アフガン国防省からの休戦の申し込みの手紙が二度きたが、我々は拒否。その状況の中で、ソ連の副総司令官は手紙をよこし、一方的に休戦を宣言して戦闘をやめた。戦士側は状況を考慮し（彼らも弾が尽きかけていた）、宗教指導者と相談し、話し合いに応じることにした。

注1．ザルバティやマタハリックが遠征している間カラルガは留守家族の安全、経済援助などの相談にのる義務がある(マスード談)。

注2．マスードは、パンシールだけでなく、彼が支配する他の地域を、アンダローブ、サラン、ゴルバン、パラワン、キャビサの5つの行政区に分けて、同じ組織をつくりあげている。

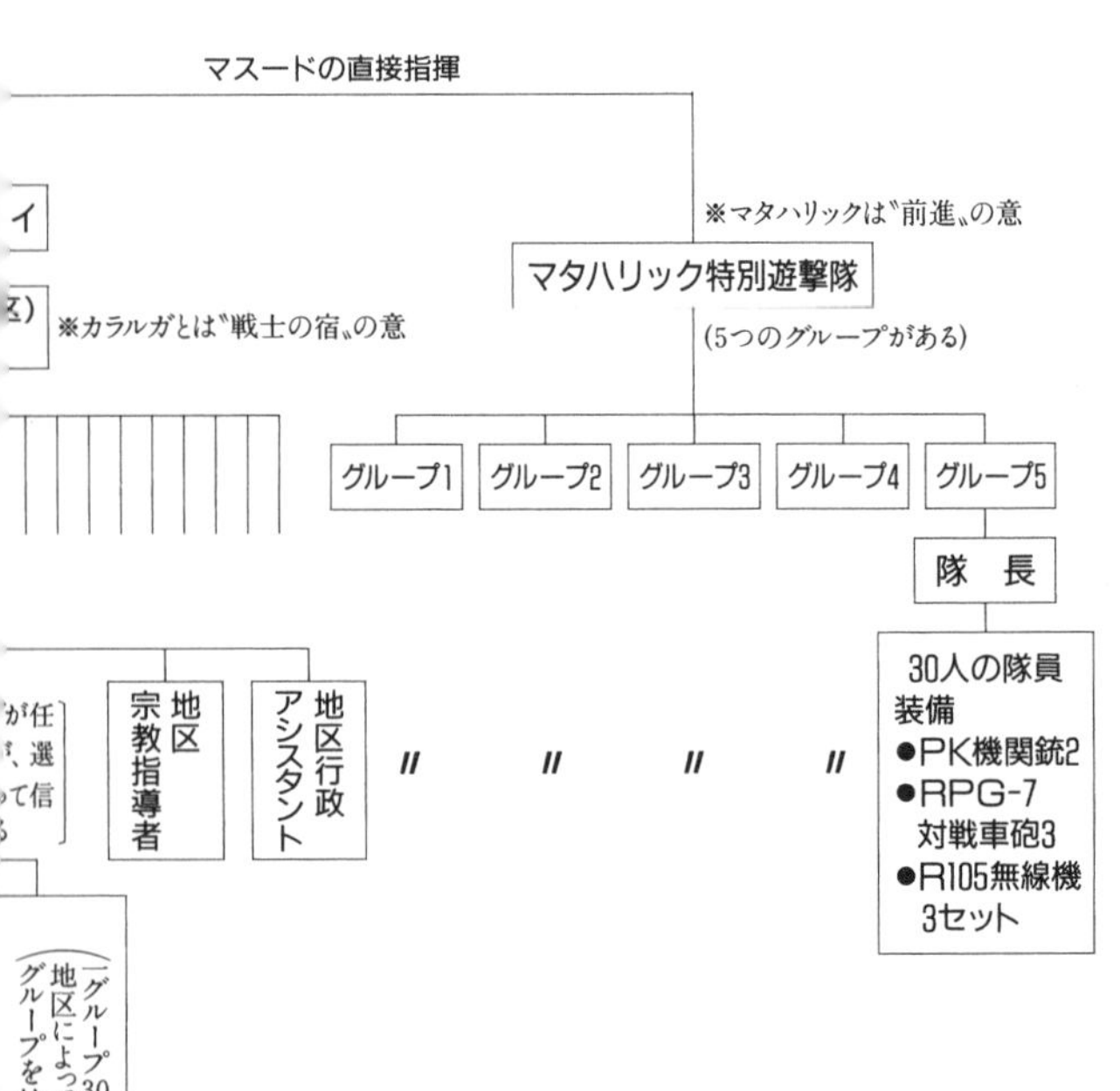

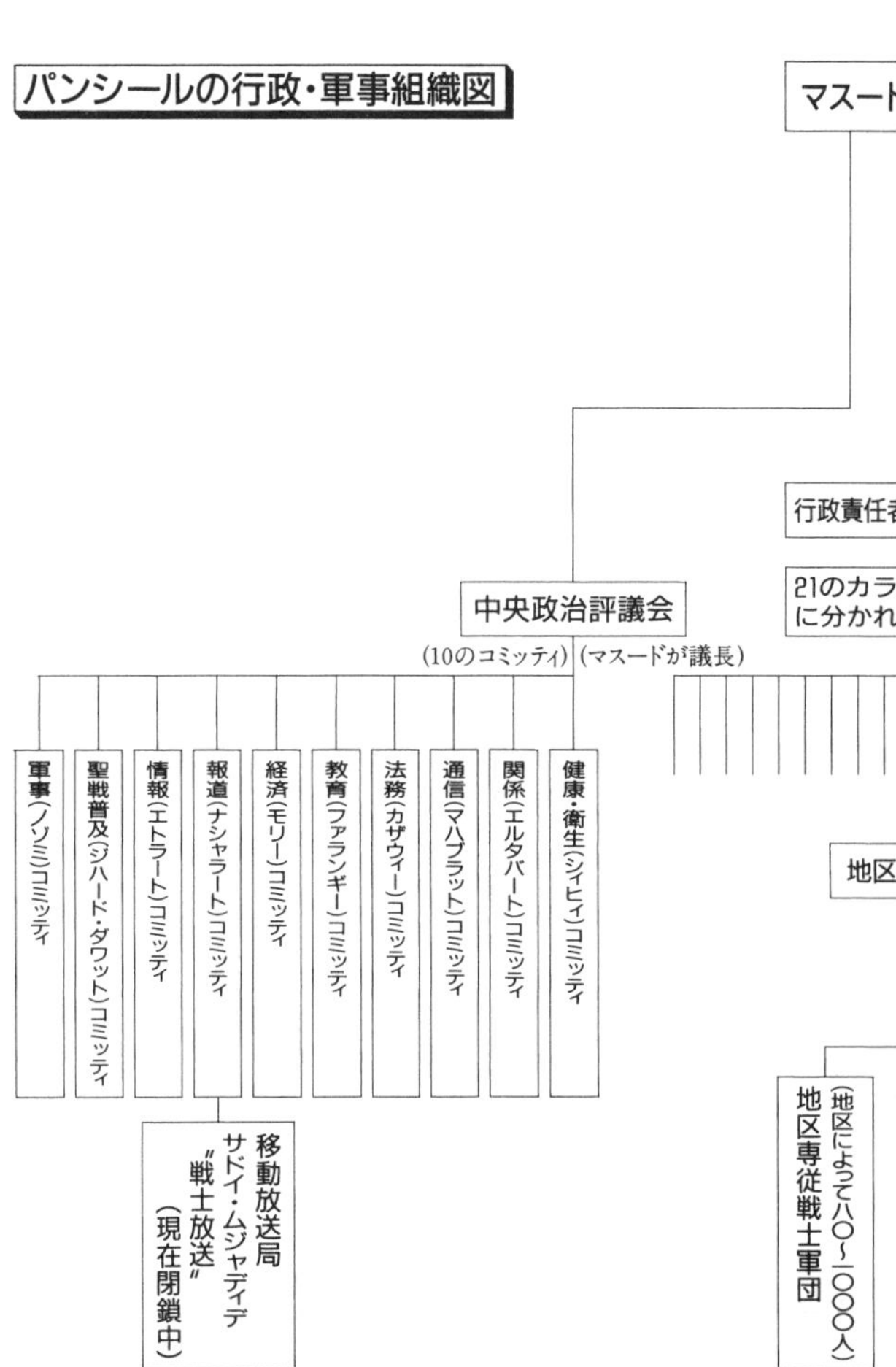
パンシールの行政・軍事組織図
マスード
中央政治評議会
(10のコミッティ)(マスードが議長)
軍事(ノゾミ)コミッティ
聖戦普及(ジハード・ダワット)コミッティ
情報(エトラート)コミッティ
報道(ナシャラート)コミッティ
経済(モリー)コミッティ
教育(ファランギー)コミッティ
法務(カザウィー)コミッティ
通信(マハブラット)コミッティ
関係(エルタバート)コミッティ
健康・衛生(シィヒィ)コミッティ
移動放送局
サドイ・ムジャディデ
"戦士放送"
(現在閉鎖中)
行政責任者
21のカラ
に分かれ
地区
地区専従戦士軍団
(地区によって八〇〜一〇〇〇人)

その結果、ソ連側はルハを始めとする全パンシールから撤退。オノアに臨時ポストを残すが、地域住民との接触を禁じられた。また、戦士側はそのポストを攻撃しないことを約束した。戦士側にとってこの休戦のメリットは、

(a)アフガン政府が話し合いに加わっていないこと。それは彼らがカイライであり、何の力もないことを示している。

(b)パンシール以外では、我々は活動・戦闘できること。

(c)ソ連は今まで、外国勢力の侵略といって、アフガン・イスラム戦士の存在を公に認めていなかったが、初めてその存在を認めたこと。

などがあげられる。我々はこの勝利と戦果を他の戦線の戦士たちと分かちあい、その経験による戦術と組織の合理化を共有するつもりである」

**カブールの政治囚**

マスードとバザラックから歩いて十五分ほどのムラーという村に行く。そこで村人から食事をご馳走になる。食事後、私へのマスードの質問が始まった。

「日本の文字と中国文字と同じだろう」

「漢字の由来は」

「日本語の発音は、文法は」

私が写真を撮ると、

「望遠レンズと広角レンズの違いは」

「シャッタースピードと絞りの関係は」

質問はきりがない。とにかく好奇心が旺盛だ。食後の休憩もそこそこに、また人々につかまってしまったマスードは、村の家に入った。そこで相談を受けているらしく、しばらく出てこない。私の周りには、子供たちが写真を撮って欲しくて集まってくる。「オマール、オマール」と私に話しかけ、村人が追い払ってもまたすぐ集まってくる。

「さっきの人を知ってるかい」

「知ってるさ。アーメル・サーブだよ。偉いんだよ」と屈託がない。

外には私の他にも何人かがマスードを待っていた。その一人が話しかけてくる。どことなく暗く不健康な感じのする男だ。

「ジャーナリストか」

「そうだ。マスードの取材できている」

「実は私はカブールの監獄に三年間、政治犯として投獄されていたんだ」

「本当か。ぜひ詳しく話してくれ」

「ここではいえない」とあたりに気を使っている。周りは護衛のアモンとハビブと村人だけなのに。彼は小声で話し始めた。

「二万八千人がそこに収容されていた。一部屋十四人の定員のところに、三百人もおしこめられて、一つのベッドに何人もが重なって寝た。毎晩、機関銃の音が聞こえ、一カ月に五、六百人の人が殺された。電気ショックなどの拷問もあった（彼はシャツをめくり拷問の跡を見せた)。

食事はかろうじて死なない程度に与えられていた。便所がないため、箱で便器の代用をしていたが、それがすごい悪臭だった。こんなひどい状況下でも、人々は心を変えなかった。共産主義者は動物と一緒だ。彼らはただ人々を殺し、家を破壊するためにこの国にやってきた」

と憎しみのこもった低い声でいう。

彼は、イスラム・ゲリラと通じているのではないかと疑われ、逮捕、投獄されたが、拷問にも屈せず、何の証拠もでてこなかったので、釈放されたという。彼の周りに対する異常な注意深さは、監獄の中で密告者への注意を払い続けてきたことからきていたのかも知れない。彼は最後に「故郷のパンシールに戻ることができた。これからはアフガン独立のために戦う」といった。

### アヤトラ・ハーン

ゴルバンとサランのアーメル(頭)のアヤトラ・ハーンがやってきた。彼はマスードの下の三大アーメルの一人でもあり、マスードの片腕ともいえる男だ。ゴルバンからは歩いて二日の距離という。

彼は三十五歳、元ヒズビ・イスラミの司令官だったが、マスードの人柄に惚れて、二年前に彼の配下に加わった。二千人の戦士を率い、サラン・ハイウェイを攻撃し、多くの弾薬や武器を奪っている。父は蒙古系のハザラで、母がアーリア人種のタジクだという。

この国の人口は約千八百万。近来この国の政治を握ってきたパシュトゥンが約五〇パーセント（推定）近くを占め、パンシールの人々が属するタジクが二五パーセント（同）、蒙古系のハザラが二〇～二五パーセント（同）、他にトルコ系のウズベグ、トルクメン、その他キルギスなどで構成されている。国民の七〇パーセント以上が農民で、一四パーセントが都市部に、それと同数が遊牧民であろうといわれている。しかし、国民統計調査を行ったことがなく、正確な数字はわからない。パシュトゥンは南部、東部に多く、タジクは北部、西部に住み、商人や都市生活者が多い。一方、ハザラは中央高地に多く住むが、一方で都市部の下層をも構成している。

アヤトラ・ハーンはロンドンに五カ月いたことがあり、英語を話す。日本が好きらしく、彼もまた日本のことばかり質問する。「ハザラは最も貧しいが、よく働き、正直なんだ」と彼はいう。そして彼の知っている日本人像を演じてみせてくれる。

彼の演じた日本人は、ぜんまい人形のような動作でハシを使って急いでご飯を食べ、食べながら時々、横を向き機械をつくる。また食事に戻り、時折、本を読み新聞を見る。そして外にでてせかせかと歩く——というものだった。そのいい得て妙な物真似に私は吹きだしてしまう。彼はぜひ、日本を訪ねたいともいう。

彼はしばらく、パンシールに滞在していたため私と親しくなった。ある時、私を木陰に呼んで、「日本にはクラブ（キャバレー）というのがあると聞いたが……」といい淀んでいる。「女性がそばにくる所かい」ときくと「そうだ」という。「お酒を飲まないと相手してくれないよ」と私がいうと、「それはわかっている。私はお酒は飲まない」といったものの、そのクラブとやらをのぞいてみたいという気持ちが表情にありありとあらわれていた。

私はそれを見て、笑いを噛み殺すのに大変だった。普段は「イスラムでは女は……」とか「聖戦中は……」とかいっている彼らでも女性にやっぱり関心があるのだなあと思うと何となくおかしかったからだ。

## 結婚と女性観

戦士の結婚があった。結納金は一万アフガニー（一アフガニーは約五円）。花婿の父親と兄弟はカブールに住んでいるが、式のため駆けつけた。結納金の他に、宴で人々をもてなすために一万六千アフガニーかかると父親はいう。相手は十七歳で、大体、七、八歳年下の女性をもらうことが多いようだ。

子供たちが祝いの歌をタンブラにあわせて歌っている。花婿が顔見知りだったので、冗談で「嫁さんの顔を見せてくれよ」というと、「それは良くない。誰も花嫁の顔を知らないし、知ってはならない」という。まだ彼も見ていないというから驚いた。花婿の母親が、事前に見て、息子に気だてや容貌を報告する。花婿はその母の報告を信じるしかない。

大体、結婚には三万アフガニーかかるといわれ、それが用意できないと結婚できない訳だ。カブールでは十万アフガニーはかかるという。高すぎる結納金は、シャリア（イスラム法）でも本来禁じられており、ここではイスラム法の影響が強いのでこれでも安くなった方だともいう。「イスラム共和国になれば、もっと安くしなければならない」とマスードもいっていた。マスードとジァミアテ・イスラミは結婚する戦士に五千アフガニーの援助金をだすことにしている。コーランでも結婚は義務とされているからだ。

結婚式の帰り道、近道をしようと川沿いの村落を抜けた時、洗い物をする女たちの所にでてしまった。普段はチャドルを被る女たちも敷地内や家の中ではショールをはおっているだけで顔をだしている。それにぶつかったのだ。

滅多にないチャンスなので、言葉をかけながら、何とか撮影しようとする。女たちは恥ずかしそうにするだけでいやがってはいない。すると、その村の司令官が大あわてで飛んできて、顔を紅潮させながら、「撮るな。撮ってはいけない」と私の腕をつかみ、その場から連れだす。

彼は知り合いだったので、その程度ですんだが、知らない男だったら殺されても文句がいえないところだ。彼らは「女は専有物であり、女が他の男に肌を見せ、顔を見せるのは、間違いのもとだ」と考え、「女は外に出る時は、全身をすっぽり、チャドルで覆わなければならない」と思っているのだ（本来のイスラムは手首から先と顔は見せてもよい。頭髪や他の個所はすべて衣服で覆うことになっている）。女はそのチャドルの網目の小窓から外を見るしかない。

一度、ある家に戦士たちとゲストとして泊まった時、中庭にいた戦士たちに家の主人が「女が通るから」と声をかけた。戦士たちは皆、背を向けて、水くみから帰った女が通りすぎるのを待っている。私は家の中からその光景を見ていたのだが、女はまだ胸の膨らみ始めたばかりの少女だったが、小走りにそこを抜けていった。

私にはその光景が何とも奇妙に思えたものだ。また、道路で男女が行き合った時、女はチャドルをかぶっていても脇を向いて、男が通りすぎるのを待っている。それがチャドルの足元から派手な衣装の見える若い女でも、シワだらけの老婆でもだ。

一度、アヤトラ・ハーンと女のことについて話した時、「女がいくら美しくても、気性が悪かったらどうする」と聞いたことがある。彼は「確かにそれが問題だが……。仕方がない。これが習慣だから」といっていたのを思いだす。本来のイスラムは女性に差別的ではないが、地域の古い慣習と混然となると、彼らも首をかしげる状況がでてくることがある。

## バグランからの戦士たち

今夜は客人がくるらしい。料理番のヌロゴと下男のファラーが宴の準備をしている。外は風が強い。山の方を見ると小さな竜巻ができて砂塵が舞い上がっている。

やがて客人たちが到着した。バグラン省の戦士たちだ。バグランはマスードが直接指揮するパラワン、カピサ省の北にあり、サラン・ハイウェイ中央部を包みこむ形になっている省だ。戦士たちの司令官はアブドラ・ハイといい、若いがバグランの総司令官だという。

マスードは他の仕事でまだ家に戻っていない。アブドラ・ハイは中庭で本を読み始めた。赤い表紙で、それは何とペルシャ語で書かれた毛沢東全集の一巻だった。パルチャミ（旗派）から奪ったものだという。「共産主義を勉強しているのか」と尋ねると、「そうではないが戦闘に役立つことがたくさん書いてある」と答える。写真を撮ろうとすると本を隠して

◀食器を洗って、家に帰る女の子。ここでは川が水道がわりだ。

しまった。

撮影は失敗したが、バグランの戦闘について聞いてみる。「バグランは平地で、山岳地帯とくらべて非常に戦闘が難しい」と彼はいう。

マスードはまだやってこない。バグランの戦士たちが「写真を撮れ」といってきたが、私は「あの本と一緒に撮らせるのでなければいやだ」と突っぱねた。

すると彼らは「日本はソ連に国土を占領されているというではないか。なぜ戦わないのか」、「我々は戦車や飛行機がなくても戦っている」といい、また「日本は金もうけのことばかり考えている」と私に当たる。彼らの問い詰めに咄嗟に反論できなかった自分が腹立たしかった。そして、相手の事情を理解しようとしない彼らの態度に哀しみをおぼえた。

彼らが、カブールやパンシールを愛するように、他の国の人々も、その国を愛しているのに……。

マスードは八時をまわってからやっと現れた。

家の中はバグランの客人たちとマスード一行の熱気でむせかえる。皆でパラオ（油でいためたご飯。肉やジャガイモを入れる）の食事をとる。食事後、マスードとアブドラ・ハイは、部屋に閉じこもり、話を始める。その話し合いは明け方近くまで続いた。

翌日、バザラックの町に行くと、弾薬庫からカラシニコフ銃の弾丸やRPG対戦車砲弾、ドゥシカの弾などをジープの荷台いっぱいに積みこんでいる。その脇には、アブドラ・ハイの一行が積みこみを見ている。運転手のココに聞いてみると、これからダシュテレワテに向からという。

ダシュテレワテはパンシールの上流にある町で、北のアンダローブやバグランに抜ける中継地でもある。昨夜、遅くまでマスードと話していたのはこのことだったのか。弾薬を分けてもらうかわりに「パンシールが攻撃されたら、サラン・ハイウェイやソ連軍基地をたたき、側面攻撃をする」、そんな約束をしたのだろう。彼らはジープに乗りこんで立ち去っていった。

マスードの弟のズィアとバザラックから家に帰る途中で、ズィアが「ソ連軍に殺された村人の家がある」というので寄ってみる。バザラックへの行き帰りにいつも通っていた所にあり、私はただの廃屋だと思っていた。

彼と家の裏の方にまわってみると、頭蓋骨や足の骨が散らばっていた。そのまま長い間、さらされていたようだ。そばにあった衣類の切れ端とゴム靴から、明らかに民間人だとわかる。ここで五、六人殺されたという。爆撃を受け半壊した家の周りには、ぶどうがたわわに実り、庭のバラの花も美しく咲き乱れている。死者の肉体が土に吸いこまれ、この美しい花々を咲かせているのだ。家の中を塀ごしにのぞいてみると、不気味なほど真っ赤な花をつけた木が一本だけ誰もいない庭に大きな枝を広げて立っていた。

**ソ連兵タリ**

マスードのところには、毎日のようにすごい数の人々が訪れてくる。「政府軍の将校がジァミアテ・イスラミの会員になりたいといっているが」とか「サランのソ連軍はこう動いた。

どうするか」など相談をもちかけるのだ。一人が「カラルガの米の在庫が底をついた」というと、マスードは「そんな馬鹿な。何をやっていたんだ。各カラルガに二年分は備蓄せよと命令をだしているではないか」とやりあっている。

私がダシュテレワテにいる元ソ連兵の戦士を撮りに行きたいというと、マスードは一人の戦士を案内につけてくれる。彼と途中までバスに乗り、あとは歩いて七時間もかかってやっとダシュテレワテに着く。途中、人々がソ連軍の弾薬箱を解体してイスやベッドを作っている光景を目にした。また幾つもの村で、破壊され、崩れ落ちた土壁の中で、人々が土を練り、石を積みあげ、新しい家を作っている姿も見る。

ダシュテレワテの町に入ると運よくカラルガの司令官アモンに会えた。彼には以前会った時に監獄と元ソ連兵アブドラーの取材の了解をとりつけていた。彼は「取材は問題ない」といって、一人の兵士を案内につけてくれたが、歩いて十五分ほどで、目的の〝監獄〟に着いてしまう。

こんなはずではない。監獄は岩山の中腹にある天然のほら穴だと聞いていた。ここには何の変哲もない、ただ塀が高いだけの家があるだけだ。案内の戦士に聞いてみると、夏場は岩山の獄だが、冬は積雪がすごいので下におりてくるというではないか。

その二十メートル四方くらいの建物の中には百十人の囚人がいるという。壁の高さは二・五メートルくらいしかない。簡単に逃亡できそうな気がしたが、五十人の戦士が脇にある二階建ての家に常駐しているので難しいのだろう。囚人たちはごく普通のアフガン人の格好をして、中庭で話したり、日向ぼっこをしている。それを銃を持った兵士が一人、見張りをしているだけだ。

四人はアフガン政府の職員、教師、学生、将校などで、共産主義者やそのシンパとして捕まった人たちだ。彼らはまったく無表情、無気力にみえた。食事と礼拝（望む者だけ）をするだけで、他には何もしないという。そのあまりの表情のなさにインタビューしたものかどうか迷っていると、元ソ連兵のアブドラーが他の部署から呼ばれてやってきた。

アブドラーは栗毛の毛髪で、目が細く神質経そうだったが、体はガッシリしている。彼はソ連ではトルクメン語を話していて、ペルシャ語はここにいた二年間で覚えたという。七、八人の戦士たちが私たちを囲む。彼は私の質問に答えて話し始めた。

「二十一歳。トルクメン共和国出身。兄弟は四人で、姉妹が三人。父は農民です。学校では農業用機具やトラクターなどを勉強していました。ソ連はよくありません。ソ連にもイスラム教徒はいるが、若者たちはイスラムを信じていないからです。徴兵され七十五人の兵士とともにカブール空港に着き、そこからヘリでバグラム空軍基地に向かいました。そこで三カ月勤務していました。

戦いについては、上官から『中国兵とアメリカ兵が侵略している。アフガンのイスラム教徒を助けるために出兵する』といわれた。が、現実はそれとは違い、イスラム教徒を殺す戦争であり、私はモスリムと戦うことはできなかった。私自身、前にはイスラムを信じていなかった。ここにきてイスラム教徒になり、アブドラーという名をもらった。私の元の名はタりです。脱走した時は、ジャバルサロージの基地から一人で脱走した。途中で戦士たちと会った時、『ラーイラハ、イララ、ムハンマド、ラスール・ラー（神は偉大なり、モハマッドの他に預言者なし）』といえば助かるのを知っていたから、そういった。

それから『戦士側に行きたい』ことを伝えた。戦士の中にロシア語を話す人がいて、ここまでくるのは問題なかった。前は自由でなかったが、今は自由だ。ここでの生活は快適だ。もし、私の家族が、私が戦士を助けているのを知ったら喜ぶだろう」

――家族についてどう思っている。

「私は家族を訪ねたい。しかし不可能だ。手紙をだすこともできないし、たぶん私の家族は、私が死んだと思っているだろう」

――戦争が終わったら、どうする。

「ここに残って暮らす」

私には、彼の返事があまりに優等生的に思えた。周りの戦士たちに終始、見られていたせいだろうか。彼らを気まずくすることはいいたくない、そう考えたのか。彼は額に汗を浮かべて私の質問に答えていた。

彼がよく質問の意味が飲みこめない時、周りの戦士たちが彼の答えに「そうじゃないだろう。こうじゃないか」というのに苛立ち、声を荒げていい返すこともあった。取材が終わり、外で彼を撮影しようとした時、他の戦士が彼に「銃をとれ」と渡そうとしたが、彼は言い訳をいいながら逃れようとしていた。見かねた私が「そのままでいい」といって二枚だけ撮影した。

他の戦士が写真に写りたがっていたので、私が「じゃあ、一緒に」というと、それも何とか逃れようとする。苦しそうに言い訳する彼に私は、「いいよ」といって他の戦士だけを撮った。撮影を終えると、彼は「仕事があるから」といって、急ぎ足でその場を去っていった。銃をもって写真を撮られることで、故郷の父や母、兄弟たちに害が及ぶのを恐れたのだろうか。自ら銃をとることは、戦う意志を見せることで、空身だと「自分の意志ではない」と言い逃れできる。共産主義とはいえ、安定し、個人生活が保証されていた彼が、この西欧社会とはあまりにも違うイスラム伝統社会——戦士としての共同生活を強いられて、また戦士たちが自分の考えをモロにぶつけてくるこの社会——の中で耐えて行けるのだろうか。彼の去りゆく姿を見てそう思わざるを得なかった。

## カブールからの少年

爆撃でコナゴナになったバザラックの学校の校庭にバレーボール・コートがあり、そこでよく地区対抗の試合が行われる。戦士たちはよくスポーツを楽しむ。ズィアとヌロゴに誘われてバレーボールをやることにする。

レシーブくらいはできるだろうと軽い気持ちで参加した。が、十二年ぶりの私のバレーボールは、彼らの強力なスパイクの前に木っ葉微塵に粉砕され、大勢の見物客の前で私は「バレーボール王国・日本」のイメージを大いに失墜させてしまった。

意気消沈して、ズィアたちと帰る途中、「マスードに会いたい」という一人の少年と会う。

彼は十六歳で、戦士になるためカブールから逃れてきたという。「ジハードのためにここにきた。父は軍人。兄弟二人も将校です。車を四回乗り継いでここまできた。ジハードのためにはどんなこともするつもりです」という。

彼が戦士になるためにここに向かったのを身内は知っているというので驚く。「パルチャミやハルクではない軍人が大勢いて、彼らは戦士側に同情的だ」といい、「しかし、彼らは生活のために、働かなければならないのです」ともいう。そんな兵士だと「検問なども見て見ぬふりをして、実に簡単に通過させてくれる」のだとも。

カブールの現況については「チェックがすごく厳しい。学校の中でも、勉強をしたくないという子がずいぶん増えている。学校で、パルチャミやハルクが誰が反政府的か調べている。街で突然、兵士に囲まれてチェックを受けることも多い。だけど、誰も怖くて何もいえない。夜はテロが多くて危険だから外にでない。ゲリラはよくメクラロン（カブール市内の一地域）でロケット弾を使った攻撃をしている。

どんなところにもKGBやKHAD（アフガン秘密警察）がいて、市民の動向をスパイしているけど、彼らも給料をもらうために働かなくてはならないんです」と話してくれた。

ジャンガラックの家で少年はマスードと会い、マスードに頑張れと肩をたたかれた。英雄（カハラモン）マスードに会えたこと、そして彼に肩をたたかれ激励されたことで彼は胸がいっぱいという表情。この十六歳の少年はこの地区のカラルガの見習い戦士として働くことが決まった。

**戦士たちの訓練風景**

◀広場で、地区対抗のバレーボールに興じる。

ズィアの友達で、よく家に遊びにくるモスリムは二十一歳でパンシールのジャンガラック出身だ。いつも私とふざけ合っていたのでちょっと信じられなかったが、彼は二十一あるカラルガの一つの司令官だという。彼の話を聞いてみることにする。

「以前、兵学校で五年間勉強した。タラキ政権が、私がジャミアテ・イスラミと通じていることを知って逮捕しようとした矢先に、仲間からそのことを知らされ、もうカブールにはいられないと思い、ここで戦士になるためにやってきました」

彼の家族はまだ全員、カブールにいるが、彼は家族から毎月千アフガニーの仕送りをもらっているという。まわりのカブールからきている戦士たち、政治局秘書のバシールも兄弟は政府軍将校だが、仕送りをもらっているし、大勢の兵士がそうだった。ある戦士の親は政府で働き、ある戦士の兄弟は軍で働く。皆、生活を守るために仕方なく働いているというが、政府の金で反政府の戦士が生活しているとは、まったく不思議な戦争だと思う。

彼の誘いで、彼の部隊の戦士たちの訓練を撮影にいく。訓練は予定では朝八時からだったが、九時近くなって、やっと十二人ほどが集まっただけだ。仕方がないので始めてもらう。

モスリムは五年も兵学校に行っていたので訓練の指導は非常によいのだが、戦士たちはお互いにふざけたり、笑ったりしていて、全然、気迫がなく、これでよくソ連軍と戦えたなあと思ってしまう。村の親爺さんたちや子供たちがまわりに座りこみ、訓練をひやかしながら見物している。

戦士の中に、元政府軍兵士だった者がいたので、彼にすこし聞いてみる。彼は「政府軍の中でも、本当の共産主義者は少なくて、他はほとんど敬虔なイスラム教徒であり、戦士たちには同情的である」という。

そのことは、政府軍十万人が、戦争が始まってから二万人に激減してしまったことでもわかる。ほとんどが投降したり、部隊ごと装備ごと戦士側に寝返ったからだ。昔（一九七八年まで）は一日一アフガニー（五円）の給料だったのが、今は月給三千百アフガニーと約百倍にはねあがっているのを見ても、政府軍の人手不足と窮状ぶりがうかがわれる。

## ホテル・パンシールの親爺

マスードが他地方からの大物を迎えるらしく、わが家の内部を改装することになる。それを手伝いにきたのはサンゴナに住む人の良さそうな親爺さんだった。彼は「その時計を売らないか。いくらだい」「ハッシシはいらないか」などと旅行者用のブロークンな英語を話す。

愛想がよくて人のよさそうな男だ。彼は、カブール市内のシャレナウ（新市街）に旅行者向けの安宿を経営していたという。どうして彼が宿屋をやめ、ここにきたのか、またその当時の様子はどうだったのだろう。

「ダウドの時代（一九七三〜七八年まで統治）は、欧米や日本から、ずいぶん旅行者がきてもうけたよ。だけど、タラキ、アミンの時代になると旅行者はガタ減りになった。ある日、パキスタン人五人が、西ドイツでの出稼ぎを終えて、帰路、カブールの私の宿に泊まったんだ。皆、貧しいパキスタン人だったけど何日か滞在して、私の宿で異国での最後の贅沢を楽しんだんだ。翌日、空港に向かったが、満席で戻ってしまった。夜、四台のジープに分乗した警官が宿に乗りこんできて、私をたたき起こし、「パキスタン人はどこだ」といい、彼らの部屋に踏みこむなり、殴る蹴るの暴行を加えた。そして空港で押収したという拳銃とドルを見せ、お前らのだろうと迫り、知らないというのに連行していった。

私にも翌朝、出頭してこいといってきた。どうなるかわかったもんじゃないので、私はタクシーで叔父の家に行って、朝一番のバスでパンシールに逃げ戻ってきたという訳さ。とにかく奴らの横暴さといやあひどいもんだった。ホテルで働く若者の前に警官があらわれて『IDカード（身分証明書）を見せろ』といって、まだ十五歳の彼に『お前はいい体をしてる。二十二歳だろう』と軍隊に引っぱっていってしまったり、五十歳の男をつかまえ『いい歯と体格をしてる。まだ三十五歳だろう。こい』と引っぱっていったりした。私にも徴兵を強制する警官がきたけど、そのたびに百アフガニー札を握らせて逃れていたんだ。多い日は、日に三回もきたもんだ。とにかくひどかった」

と当時を語ってくれた。

**カブールからの警察署長**

カブールから兄を訪ねてきた、政府の書記官をしているという男に会う。立場が立場だけに彼のカブールの話は貴重である。

「オフィスに行くまで十回は止められ、身分証明書の提示を求められる。夜十時から朝の四時までは外出禁止令で外に出られないが、人々はそれ以前でも夜になると戸を閉ざし決して出ようとしない。外では、戦士側と政府軍との戦闘がよくあるからだ。政府軍とソ連兵は、二十人くらいのグループで、装甲車を伴ってパトロールしている。物価は以前とくらべて平均五〇パーセント上がっている思う。卵が以前、二～三アフガニーだったのが、今は八アフガニー、パキスタン製の煙草が十五アフガニーから二十五アフガニーになっている。カブールでは二〇パーセントくらいの人がコミュニストあるいはその協力者だろう」

マスードのところに二人の男が薬や石けん、ガス灯などをもって訪れてきた。その一人は何とカブールで警察署長をやっているという。頭が坊主で、人相は官憲というより、凶悪犯のような感じだった。案外、官憲とはそういう顔をしてないと務まらないのかも知れない。彼はカルマル政権発行の身分証明書を持っており、それで途中十カ所の検問をパスしてきたという。

「検問はアフガン兵とソ連兵が一緒になって行っており、荷のチェックはアフガン兵が行い、女性のチャドルをめくり、中の顔と写真を合わせ確認するのは婦人警官だ。警察官の数は三万人。うち婦人警官は二千から三千人。私たちは以前、署内では礼拝ができなかった。というのは通報されれば罰をくらったからだ。だが今は礼拝しても何もない。ひどい措置をとれば、大勢の人々が、政府から離れてしまうから」という。

彼の給料は四千アフガニー。一見、安そうだが、政府関係者は割引のクーポンを発行されており、それで米、小麦、油、砂糖などが半値で買えるという。

彼は、カブールで戦士側の作戦を助ける特殊任務を持っているらしく、その打ち合わせでここにきたようだ。バザラックにでる時は、サングラスをかけ、坊主頭にショールをまいて身元が割れないようにしてでかけていた。カブールと行き来する人間に見られてはまずいからだ。しかし、政府軍や警察の中にまで、こんなにゲリラ・シンパがいたのでは、どんな情報も漏れてしまうし、第一、スパイに給料をやっているようなものではないかとこの戦争の実態にあきれてしまう。

**ソ連軍基地**

ジャンガラックの家は今日から新しく政治評議会のオフィスも兼ねることになった。そこに一人の若者がやってきた。彼は戦士側の写真記録係をやっており、これからオノアのソ連軍基地を撮影にいくらしい。すぐ、そばまで行ってソ連兵とも話ができるという。ズィアが、一緒に行けば良い写真が撮れると教えてくれる。ただ、それにはマスードの許可がいる。マスードに聞いてみるが、「うん」とはいわない。「ダメか」とガッカリしていると、その記録係の若者に「ダシュタックまでジープで行け。そして二キロぐらいのところからオノアを撮影させてやってくれ。彼は望遠レンズがあるから遠くからでも大丈夫だ」といってくれた。

その若者とジープに乗り、ダシュタックに着いて、そこから三時間かかるというオノアに向けて歩き始める。彼はバザールで五百アフガニーで買ったというスキー靴をはいている。底が平たく、しかも曲がらないので歩きにくそうだ。

「どうしてスキー靴をはいてるんだ」

「金がないから、他の靴を買えないんだ」

「ダシュタックの訓練場も建物も君の家のものだろう。なのに、お金がないのかい」

「家の中で、男は自分しかいないし、自分は戦士で収入がないので、靴を買う金がない。訓練場の所有者の叔父はカブールにいるし、家族はアンダローブに逃れて住んでいる」

途中、会う人、会う人、皆、彼の知り合いだ。彼がオノアの学校に通っていたからだ。いちいち立ち止まってあいさつを始める。「アッサラーム・アレイコム」に始まり、お互いに頬を三度すりあわせ、それから身内の話、最近の出来事などを話す。日没が迫ってきていたのでイライラしながら、彼の話が終わるのを待つ。

やっと、オノアが見える所までできた。基地は川をへだてているので、望遠レンズでのぞいてみると、基地の人間が動いているのがわかる。「今日はもう遅いので、今夜はこっちで泊まろう。明日ならヘリコプターや訓練の様子も撮れるから。ちょっとその前に上の村でお茶を飲もう」と彼がいう。

山の斜面にひろがった村に入る。その一軒の家からひとまず写真を撮りたいと思った私は、その家の男に家に上げてくれと頼む。彼は奥に入っていって奥の女たちを別の部屋に移動させてから、やっとOKをだしてくれた。その家の二階から二百ミリの望遠レンズに二倍のテレモアをつけて、移動する装甲車などを撮る。バレーボールをしている兵士も見えた。

撮影を終えて、この地区の司令官の家に向かおうとして斜面を上っていくと、同行者が私を制止する。進行方向に女がいたのだ。彼は走っていって、女たちを家の中にひっこめてからやっと私に進んでいいという。

高台にある司令官の家でパネル（チーズ）とチャイ（お茶）をご馳走になって、より基地に近いザモンクールの村に向かう。途中、橋のたもとで同行の青年は礼拝を始めた。すると、二人の政府軍兵士が橋を渡ってこっちにやってくるではないか。私はどぎまぎするが、彼は「休戦中だ。大丈夫だ」という。彼らは私たちの二十メートルくらい先を歩いて丘の上の監視所の方に行った。ホッと胸をなでおろす。

翌朝、六時にナンとパネルの朝食をとって基地の近くまで歩いた。基地の手前二百メートルくらいのところで、装甲車や戦車、トラック、歩く政府軍兵士、上半身裸のソ連兵などを撮影し、ヘリの到着を待つ。

彼らの射撃訓練が始まった。山の斜面に向けて戦車から大砲を発射している。岩山に砲煙があがる。それに時おり機銃の音も混じる。ヘリがやってきた。一機が、私の百メートルくらい手前を舞う。ロケット弾を搭載したMi—24武装ヘリだ。はっきりとソ連軍の赤い星のマークが見える。着陸すると、ものすごい砂ぼこりが巻き上る。

それを撮影し終えて、オノアの町に抜ける麦畑を歩いて行くと、五十メートルくらい先に七、八台の戦車と上半身裸のソ連兵がはっきり見えた。それをまた戦士の肩にレンズをのせて撮影する。戦車やトラックが兵士の脇をあわただしく移動してゆく。何台かは人工のくぼ地に入り、車体を隠している、空からの偵察のできない戦士たちに正確な台数をわからせないためだろう。

戦士によると、基地の人員は五百～六百人。大砲（七十五ミリ砲）十二門。食料はすべてカブールからヘリで運んでいるという。近くのバザールのアフガン人は、一切、彼らに食料

◀(上)オノアのソ連軍臨時ポスト。◀(下)カブールから臨時ポストに食料を運び入れる武装ヘリコプター

を売っていないらしい。また陸路による往復は、戦士に攻撃されるのでほとんどないともいう。兵士には一ヵ月ごとの休暇があるようで、その時は装甲車の護衛つきでカブールに行くようだ。

後日談になるが、同行した記録係の若い戦士は、私がかなり近くから撮影したので、自分もそうしたいと思ったがレンズがない（私のレンズは彼のに合わない）。それで、標準レンズで撮ろうとしたが、迫力がないので、子どもにカメラを渡し、「撮ってくるよう」に言いつけた。彼は自分でそばに行くのは危険と感じたのだろう。子どもは、何とどんどん近づいていき、ヘリの数メートル手前で撮影を始めた。ソ連軍兵士が飛んできて、カメラをとりあげたので、隠れて見ていた戦士たちがあわててとび出していって「子どもで何も知らないのだから返してやってくれ」と交渉したという。それでカメラからフィルムを抜くだけですんだらしい。

## ハーンの嘆願

バザラックの弾薬庫に、マスードが自ら入り、十丁ほどのカラシニコフとロケット弾数発、迷彩服の上下セットをジープに積ませている。マタハリック遊撃隊に配るようだ。マスードを弾薬庫の中まで追いかけてきたハーンが、いつもの陽気な彼には見られぬ調子で、必死で何かを頼みこんでいる。「トハンチャ（銃）をくれ」といっているのだ。

パンシールに帰ってはや一ヵ月。まわりからは半病人扱いされたままだ。戦傷者として何もせずに時を過ごすことに我慢できなくなったのだろう。同じ片足の戦士ラスールも、マスードのあとを追いかけていたっけ。彼らも戦列に加わりたいのだ。同年代の他の男たちばかりでなく、若い連中までもが銃をもって町を歩き、戦士として行動しているのを見ているのはつらいことに違いない。

が、マスードは彼らに銃を渡さなかった。両足そろって戦いたいという若者が大勢いるのだ。マスードは同情心だけで判断を左右させることはない。彼はパンシール五万人の人命を預かる司令官なのだ。

ここ数日、特にあわただしさが増してきた。今日も戦士が二人、埃だらけの迷彩服のままマスードの前にあらわれ、手紙を差しだした。他地域で戦闘して帰ってきたようだ。二組のマタハリック（遊撃隊）がクンドゥス（アフガニスタン北部の省）の戦士の指導のために旅にでているし、昨日は北のアンダローブにマタハリック一部隊がでていった。砲術隊長のサーレも数日後にはシャモリーにでかけるという。

マスードも昨日から、自分自身でカラシニコフを持って歩くようになった。ラマダン（断食月）を前に、ソ連側が休戦を打ち切って攻撃してくる可能性もあると警戒しているのかも知れない。一年前はラマダンを狙って攻撃してきたからだ。その時、マスードは、戦闘の最中でも朝四時半から夜七時まで一滴の水もひとかけらのパンも口にしないで、山中を移動、戦士を指揮してきた。コーランは「聖戦を行っている戦士は、断食を延期してもよい」と教えてはいるが、マスードは戦闘の最中でも断食を一カ月、守り通したのだった。

## マタハリックへの特訓

朝からマスード、弟のズィアとダシュタックの訓練場にでかける。ダシュタックでは、マタハリック遊撃隊にマスード自ら、実射を交えた訓練を施した。敵が向かいの山にいると想定して、部隊に展開・攻撃を命じる。

展開して伏せる姿勢が悪いといって隊長の足を蹴りつけ、隊長が離れている隊員に「オー・バッチヤ（おーい、そこのやつ！）」と呼びかけると、マスードは「オー・バッチヤでは誰が誰だかわからないではないか」と怒鳴りつける。射撃がまずいと、自分で銃をとり見本を示す。隊長はマスードのいうことに一つ一つ言い訳をいい、またマスードに叱られている。

ルハの町に、訓練を終えたマスード一行とでかける。今日、ルハのバザールに、新しいアイスクリーム屋が開店したのだ。その店は、撃墜したソ連軍の兵員輸送ヘリをバザールまで運び、アイスクリーム屋に改装したものだった。

機体は上下さかさまになっていたけど、なかなかのもので、テーブルはジェット機の翼、テーブルの足は一メートル大の空薬莢という戦場ならではのものだ。その席について、ヒンズークシの雪渓の雪でつくったアイスクリームを食べる。アイスクリームの作り方は、樽に雪を詰め、その中にミルクの入った細長いボウルを入れ、速い速度で回転させるとミルクが冷えてアイスクリームになるのだ。

**司令官マスード**

マスードとジープで各地を移動巡回した。前を歩いていた戦士の何人かが、手紙を持ってマスードのジープを止める。彼らはバタフシャン（一番北東部の省）の人々で、パキスタンに向かうところのようだ。マスードはその手紙を見て「こんなことはできない」といってその手紙を読むなり破りすてて、五百アフガニー札をパキスタンまでの旅費として渡し、「前に他のグループがいるから追いつけ」といってジープを発進させた。

また相談にきた地区の司令官に「こんなことでは戦闘の時どうするんだ」と叱りつけるのも見た。司令官マスードを見ていると、彼はやさしさも持っているが、怒るべき時は厳しく怒る。やさしさの中に厳しさがあり、厳しさの中にやさしさがあるのだ。そのどちらかだけでは人はついてこない。そして彼には人々に命令して統率するに足るだけの実績があり、また感情に左右されない司令官としての冷厳さも兼ね備えている。これらのものがなければ、何千人、何万人という人々を動かしていくのは難しいのだろう。

また彼はアフガン人には珍しく時間に几帳面でもある。予定通り出発しなかったり、期限までに物事を成さなかった場合、「どうして予定通り出発しなかった」と相手を睨みつけ詰問する。荒くれ者の戦士も、山賊のような風貌の戦士たちも、マスードの厳しい表情の前では、何もいえず、身を縮ませて小さくなっている。

ある深夜、小用で目が醒め、外にでて用をすませて家に戻ろうとすると、家の前のクルミの木のところに誰かいる。誰だろうと暗闇の中を近づいて目をこらすと、マスードがいた。木の周りを掌を前に組んで、コーランを唱えながら回っているのだった。目が冴えて眠れない時、悩みがあり落ちつかない時、人々との接触の中で自分を悔い反省する時、そんな時に彼はこうするのだろう。

イスラム教徒は日に五回、メッカを向いて礼拝をするのが義務である。礼拝はイマーム（導師）が一人先頭に立ち、残りの人は横一列で、イマームよりも少しさがって礼拝を行う。イマームはムラー（イスラム僧）が行うが、いない場合は年長者が行う。皆、規定のラカット（一通りの礼拝）を終えると、その場を退くが、マスードがそのままその場を去らずに、座ったまま一人で礼拝を続けている姿をよく見た。それはスンナ（追加礼拝）といい、このスンナで神に対する気持ちをすべて披瀝することができるといわれる。

礼拝の真の目的は、「礼拝をすることにより、自分が限られた能力しかない一個の人間にすぎず、この地上に生きる時間は僅かであることを認識し、主が絶対的な創造主で、宇宙の主権者であるということを認識するため」である。マスードが一人でスンナをする姿は、神に語りかけているようだった。信心を深く持っている彼にとって、宇宙の支配者アラーがよしんば、それに答えなくとも、神と対話することができるに違いない。そんな気がした。

## カブール・ジョンの歌

弟のズィアと二人でマスードの帰りを待っていた時、ズィアはラジオから流れてきた音楽に読書の手を止め、ラジオを手元に引き寄せた。パキスタンからの電波に雑音が混じり、聞きとりにくい。彼はスピーカーに耳をあて、必死にダイヤルを調整する。その曲〝カブール・ジョンの歌〟は物悲しい旋律でこう歌っていた。

◀撃ち落としたソ連軍のヘリコプターの機体を使ったアイスクリーム屋が開店した。客

国のあちこちには自分の家を去った人々しか見あたらない
そして、皆、どうしたら自分の所に帰れるかしか考えていない
妹よ、今は離れ離れだが、私を許してほしい
いつかソ連が、この美しい国からでていく時、会える時がくるだろう
神様、カブールに住むソ連人の家を残らず焼き払って下さい
私とあの思い出多い、愛しいカブールを引き離しているのは彼らなのですから

ズィアは遠ざかる音波に、周波数をあわせようと躍起だった。私はその曲を何とかテープにとった。マスードが帰ってきたら彼に聞かせるつもりだった。青春時代をカブールでおくり、弟のズィアと同じようにカブールを愛しているはずの彼に。

マスードが帰ってくると、私はさっそくテープを聞かせた。だが、彼は最初の何秒かを聞いただけで、側近たちにいまカブールで考えている作戦について話し始めた。私の期待は裏切られた。彼は冷徹な司令官で、淡いセンチメンタリズムなど持ち合わせていないのか。彼は筋金入りの革命家で、革命とはセンチメンタリズムに酔うほど甘くないのだろうか。

〝カブール・ジョンの歌〟は、パキスタンに逃れていったアフガンの若者が作詩、作曲した曲である。ズィアの友人の多くがパキスタンにいるが、その一人が作った詩を紹介しよう。

百の口を持つバラの花のようにうるさくしないで

◀(上)戦士たちを送り出すマスード

朝の涼しい風が、彼女がくるといういいニュースを
運んでくるのを待ちましょう
朝昇る太陽がカブールの空を明るくします
しかし、日の出と同時に、カブールの一日は血で始まります
カブールでは春が死んでいます
カブールの友人たちは血と涙の洪水で
カブールの外まで流されていきます
アル・ガワン*の祭りには誰も行きません
ただ、アル・ガワンの花から吹く風が
戦いで死んだ若者の墓に、祭りの知らせを運ぶしかありません
カブールを愛する人たちが、傷ついた鳩のように自分の血で苦しむのはなぜですか
カブールでは春が死んでいます

*アル・ガワン　アフガンで四月から五月にかけて咲く桜に似た木で、桜の花よりも小ぶりの紫と赤の中間色の花を咲かせる。その壮麗さは桜に似ている。

# 第三章　マスードの戦い

なんじらに戦いをいどむ者があれば
アラーの道のために戦え
しかし侵略者であってはならぬ
まことにアラーは侵略者をめでたまわぬ
（聖コーラン第二章百九十節）

## マスードの幼年・少年期

アハマッド・シャー。これが彼の本名である。マスードという名は、パキスタンに逃れていた時に、闘争用につけた名であり、アラビア語で「運」、あるいは「運の良い人」という意味である。

一九五三年、彼はパンシール峡谷の中心地バザラックから一キロほど上流にあるジャンガラックという村に生まれる。生家はジャンガラック代々の地主である。父はドスト・モハマッド。軍の高級将校を務め、退役前は陸軍大佐までいった。マスードは幼年期をこのパンシールで暮らすが、その頃に母を病気で亡くした。軍人という父の仕事上、各省を転々としたあと、カブールで暮らすようになる。兄弟は五人で、彼は三番目である。他に姉妹が四人。現在、長男と一番下の男の子（高校生）は父とともにパキスタンのペシャワールにおり、二男と四男、つまり兄ヤヒヤと弟ズィアが、マスードの仕事を代行するため、パンシールとパキスタンを行き来している。

カブールで彼の家をよく訪れ、マスードの少年期を知っているヌロゴはこう証言する。

「少年時代は普通の子と変わらなかった。ただ、すごく賢い子だったというのは覚えている。父親が敬虔なイスラム信者で、その影響か、イスラムには早くから関心を持っていて、少年の頃からマジッド（モスク寺院）にきて礼拝するようになった。礼拝者の中で、一番年少だったろう。他の少年たちにも、モスクにきて礼拝するように呼びかけてたっけ。いつの頃か、ゲリラに関する映画を見て、ゲリラと〃ゲリラ戦〃というものに興味を持つようになった。他の少年たちを集めては近くの山にいき、山をいかに早くのぼるか、峰から峰へどう早く移動するか、山でどう生活するか、なんてことをよくやっていた」

一歳上の兄ヤヒヤもこの頃のマスードについて「いつも日が暮れてから汚れて帰ってくるので『もう山には行くな』といっても、またすぐ山に行ってしまった」と証言する。また、ヌロゴは「今のアーメル・サーブ（マスードのこと）は、少年時代と較べると人柄も個性も

(上)幼い頃の家族写真。前列左から二番目がマスード

(下)大学に入学したばかりの頃のマスード

想像できないくらい、変わってしまっている」とマスードが大きく変化したことに驚いている。

高校はイステクラン（フランス方式の学校）で、特に科学に興味を持っていたようだ。そこでフランス語も覚えたという。「人を集めては科学の話をしたり、友達とよく政治論議をしていた」とヤヒヤとヌロゴがいう。

## カブール大学で

マスードが少年、青年期を送った六〇年代後半から七〇年にかけてのアフガニスタンでは、国王ザヒール・シャーの統治に多くの不満の声があがっていた。国土の大部分を山と砂漠におおわれ、可耕地が一二パーセントしかないこの国で、土地の半分は一〇パーセントの人々に握られ、千三百万の農民は自分の土地を持たず、全収穫の二〇パーセントしか手元に残らなかった。企業体といえるものは四十しかなく、その最大のものでも従業員千人であった。一切の民主的改革も行われず、国民の大部分は貧しく、読み書きもできないまま（識字率一〇%）、近代化からとり残されていた。

この国家の近代化の立ち遅れ、封建制を前に、一九六五年、共産主義政党としての「人民民主党」が創設されている。一方、その共産主義の伸張に対抗する形で、イスラム回帰運動としての「モスリム青年団」が、六九年、カブール大学内で活動を開始する。共産主義者が貧困の前に立ち上がったのと同様に、イスラム回帰主義者は、広がる貧富の格差、都市部の若者たちの脱宗教化、性風俗の乱れ、麻薬とアルコールへの耽溺に危機感を深めていったのだった。

以降のアフガンの政治史は、この二つの潮流、一つは人民民主党による共産主義運動、一つは理想のイスラム社会をつくろうとするイスラム運動の二つが、交互に対立、反発しあう形でつくられていく。

一九七二年、マスードは、カブール大学に入学した。カブール大学は数少ない大学の中で最高の権威を持つ名門校である。彼は工学部に入るが、当時、工学部はアメリカ方式とソビエト方式の二つがあり、彼はソビエト方式のポリテクニークに入ることになる。そして、マスードはイスラム回帰運動に加わっていき、国家の窮状の中で広がっていく共産主義に無策なザヒール・シャー批判運動を展開していく。

七三年、国王の従弟で、元首相のダウドが、軍部内のパルチャミ勢力の支持を得て、イタリア外遊中のザヒール・シャーの留守を狙ってクーデターをおこし、政権を掌握、共和国を宣言した。

ダウドはシャー統治下の五三年から六三年まで首相を務めていた。彼は米ソ両国からの援助を引きだそうとしたが、遠いアメリカよりも隣国であるソ連の援助額は圧倒的であった。経済、技術、文化、建築協力協約が結ばれるなど、彼の首相時代にソ連の影響力は増大したといわれ、軍隊の武器もソ連製で統一され、多くの軍人がソ連に留学した。その後、国王・保守派の巻き返しで、彼は失脚していたのだった。

マスードは当時の大学の様子を回想する。「試験があり、太ったソ連女性二人が試験官として面談試験を行った。成績の良い順番に個別に入っていくのだが、私はわざと一番最後に行った。私が入っていくと彼女たちは『どうして貴方は自分の番に入ってこなかったのですか』と聞くので、私は『こういう試験は難しくないので真面目に考えていない』といった。『成績はトップなのだから、勉強の質問はしません。他のことを聞きます』と彼女たちは始めた。

それはソ連の歴史や地理についてだった。私が一つに答えると、彼女たちは次々に質問してきた。すべて答えたので彼女たちは興味をもって、もっといろいろ質問した。そして、最後に『ソ連をどう思いますか』と聞いていたので、私は彼女たちの目的がわかった。彼女らの目的は優秀な生徒にソ連への興味をいだかせることだった。そしてソ連への興味を示さなければ、成績も落ちていくということを自分の目で確かめました。ソ連の勢力が浸透していった時期で、私は他の活動も行っていたので、先生方にもマークされるようになっていきました」

兄のヤヒヤは「当時マスードにソ連留学の話があったが、彼は行かないというので、どうしてかと尋ねたら、『共産主義は嫌いだから断った』といった」と話してくれた。

マスードがいう。「ポリテクニークの教師はソ連人ばかりでした。ある日、映画の上映会があり、その映画は第二次大戦のものだった。映画の中で、ソ連軍がよく健闘した時には皆、黙っていて、ドイツ軍の戦車がでてくると、皆、『頑張れ！』『それ行け』とかいって、ソ連軍がやられると拍手をしたものだった。それで教師たちは、二度とこの種の映画を上映しなくなって、他の映画を上映するようになった」

**ハビブ・ラハマン**

カブール大学では生徒たちによる自治会の選挙があった。七三年の自治会選挙では、共産主義学生を抑えて、イスラム青年運動のリーダーであったハビブ・ラハマンが会長に当選した。彼ハビブ・ラハマンは運動の組織者でもあり、マスードの親友でもあった。パンシールの南隣のタガブ出身でマスードより一級上だった。早くから両親を亡くし、苦労して勉学を続ける非常に優れた人物であったとマスードはいっている。ハビブと同級生だったマスードの兄のヤヒヤが語る。

「彼に共産主義、マルクス・レーニン主義、またイスラム教について議論して勝てる人はいなかった。彼は全国のイスラム学生に呼びかけて、ダウド批判の全国一斉のデモを組織したりもした。ある時、ポリテクニークでソ連の教育大臣が演説した。演説が終わると、ハビブ・ラハマンがすっと立ちあがり、大臣に〝ソ連の教育〟について五つの質問をしたが、大臣はどれにも答えられず、聴衆の面前で赤恥をかいた。

ラハマンが会場を出ると、ソ連人と大学の代表が彼を追いかけてきて『君はどうして我々に敵対ばかりするのか。我々は教科書を送り、教師を派遣し、学校まで建てているではないか。イスラムは剣を持ってこの国にきた。君は我々にもそう望むのか』と詰問した。彼はすかさず『貴方の指摘は正しいが、イスラムは剣と同時に、自由をこの国に運んできた』と答えた」

また、当時、マスードは数学の私塾をつくり、学生たちを集めては政治学習や政治論議を行い、彼らを啓発していたが、時の政権（ダウド）に目をつけられ、この私塾は官憲に閉鎖された。次第に彼らのイスラム運動に対し圧力が加えられていく中、マスードは自分の逮捕が近いことを知り、学業を中断してパンシールに帰郷していた。彼は彼なりのダウドへの反攻を準備しつつあった。

パルチャミが、時のダウドに協力する形で力を確実に伸ばしていく中で、イスラム運動のリーダーは軒並み逮捕されていった。第一にザヒール・シャー時代の首相モハマッド・ハシム・マイワンウォールなどの政治家四十五人が国家反逆罪で逮捕・投獄され、第二にハビブ・ラハマンらイスラム運動家二百七十人が逮捕・投獄された。さらにイスラム運動の指導者たち――チャム・モハマッド・ニアズイ、エンジニア・サイフィデン、ドクター・オマール――などの中心人物がハビブ・ラハマンとともに獄中で殺害された。

「ハビブ殺さる」の悲報を、パンシールで兄のヤヒヤから聞いたマスードは、涙をボロボロ流して泣いたという。「ラハマンは、イスラムを信じて闘ったすべての学生たちの指導者でした。彼の話したこと、したことのすべてが私に大きな影響を与えました」とマスードは語り、彼の人生で一番大きな影響を与えた人物として彼を挙げている。兄のヤヒヤも「もし、彼が生きていたら、現在のペシャワールの各派の対立などは一切なく、彼が強力な指導者となって、アフガニスタン解放運動はより強力に、またより前進していただろう」という。

## マスードの最初の蜂起

七四年当時、マスードはある計画を実行しようとしていた。マスードはいう。「私はソ連人の目的が何であるか知っていたから、その計画が成功していれば、彼らを皆、飛行場に連れていき、暑い滑走路のアスファルトの上に座らせて、アフガンの強力な太陽でじりじり焼きあげて、『アフガンはもうコリゴリだ』と思わせてから、やっと水を与え、飛行機に乗せて追放するのが夢だった。だが、その計画は成功しなかった」と。

そのマスードの成功しなかった計画とは、「イスラムの同志を弾圧し、ソ連に傾いていくダウドを倒し、全国に蜂起を促す」というものだった。カブール、パンシール、ゴルバハールで同時に蜂起し、カブール放送局から全国に向けて蜂起への同調を呼びかける予定であった。軍内部にもその同調者はいたようだ。

彼らは事前に武器を入手。土の中に埋めて時期を待ち、日時が決まってから、武器を掘りだし、村人と参加メンバーに配った。パンシールではダラ、ルハ、オマルスで政府軍を襲い、郡二つと町一つを占領、ゴルバハールでは政府軍陣営を襲い、武器を手に入れ、人々に配った。そのメンバーはマスードを中心に約五十人であった。

一方、カブールでは電力発電所に爆薬を仕かけ、爆発させ、その混乱の中で花祭りにきていたダウドを襲うつもりであった。が、爆発が小さすぎて、全電力の二五パーセントしか止まらず、しかも、五、六分後には再開されてしまった。それでダウドも襲えず、カブール放送局からの全国のモスリム人民・軍隊への呼びかけもできなくなってしまった。

パンシールの方は、カブール放送からの蜂起の呼びかけを待っていたが、ラジオからは流れない。そればかりかカブールから増援部隊があらわれ、ジェット機が攻撃をかけてきた。彼らは敗れ、奪った武器をパンシール川のほとりに埋めてそこから退却した。そして、山中に逃げこみ、パルチザンになり抵抗を試みようとするが、人々は報復を恐れ、彼らに協力しない。〝人民の海〟を持たない彼らは食物もないまま山の中をさまよい、パルチザンをあきらめバラバラに逃れていった。七五年のことだった。

カブール・ラジオはその後、「反乱分子がクーデターを起こそうとし、全国へのアジテーションを行おうとしたが失敗した」と報じたらしい。マスードはこの失敗の原因を自らの訓練不足と組織活動の不足で民衆の理解が得られなかったためと総括している。

### パキスタンへの脱出

マスードはパンシールから、カブールに逃れ、さらにそこからパキスタンへ脱出した。その時の様子を彼は、

「ダウド政権が私を逮捕しようとしていた。私は友人たちの家を転々とし、逃げ回っていた。どこにでも秘密警察やスパイの目が光り、友人の家に隠れていても安心できなかったし、彼らにも迷惑をかけ申し訳なく思った。この時の苦しさは、今の苦しさよりももっと大変だったように思う。それで、パキスタンに逃れようと思った。ジャララバード行きのバスがでる駅に行った、そこもすごい警戒だった。だが、パシュトゥン族は自由に国境を行き来していたし、彼らには厳しくなかったのでパシュトゥンに化けることにした。帽子から衣類まですべてパシュトゥンの格好をまねてバスに乗りこんだ。私はパシュトゥン語がわからないので、

ずっと寝たふりをしていた。

バスが国境に近づくと検問所があって、警官が一人乗りこんできた。寝たふりをしながら、顔をすこしあげて盗み見ると彼は見覚えのある警官だった。彼は『ずっと寝てるなんておかしいなあ。何かあるんじゃないか』といっている。バスが国境の手前で止まった時、私は顔を見せないように降りて、国境の方に歩いていった。国境の二、三十メートル手前で、後ろから『止まれ。止まるんだ』という声がかかった瞬間、私は全速力で走りだし、国境を越えた。その時ほど、国境の向こうの嫌いなはずのパキスタン軍の兵士が頼もしく見えたことはなかった」

と当時を思いだして笑う。

マスードは七五年の蜂起失敗以降、三年間をパキスタンで過すことになる。そこで、同じようにパキスタンに逃れてきていたブルハヌディン・ラバニ氏と出会う。彼は元、カブール大学の神学部教授で、マスードは彼と知遇を深める。

当時、唯一の反政府抵抗組織ジァミアテ・イスラミ（イスラム協会、ラバニ議長）にもパキスタンで加わった。マスードはそこで、ゲリラ戦指導書や軍事専門書を読みあさる一方、山岳地帯での訓練にはげむ。空手を修得したのもこの頃だ。また、この帰還の機が熟すのを待つ間に多くの人々と知り合い、同志の輪を広げていく。その友人の多くが、マザリのザビウラーのように現在の解放運動の中心人物となっている。

一方、アフガン国内では、ダウド大統領が自らの基盤がソ連に侵食されつつあることを悟り、その対策をたて始めようとしていた。まず第一に外交の修正。アメリカへの技術顧問要請、イランのバーレビ国王からの十億ドル援助引き出しなどを行った。

その頃、ダウドが、ソ連を訪れた際、ブレジネフに「アメリカの技術顧問を要請したというのは本当か」と尋ねられ、彼は「私は一国の元首だ。私の国のことは私が決める」と席を立ったという話がある。このエピソードの中に彼のソ連への苛だちと、それでもソ連を訪問しなければならなかったアフガニスタンという国の立場が象徴されている。ソ連離れを察知したソ連は、対立していたハルクとパルチャミを和解させ、ダウド打倒のお膳立てをする。

そして七八年四月、当時、人気のあったマルクス主義者ミラク・バールカイベルが暗殺される。非難の矛先は一気にダウド大統領に向けられたが、これは実は、ハルクの実力者アミンが反ダウド感情を推し広げるために部下に行わせたものだった。ダウドは共産主義者を一掃しようと中心人物を逮捕していくが、ハルク派の中心人物アミンの逮捕が迅速に行われず(逮捕に向かった検察官が、彼に数時間の猶予を与えた)、その間にアミンは、軍部内に浸透させていた将校たちと連絡をとり、カブール周辺の部隊を中心としたクーデターを起こす。

当時、軍の大部分はダウドに忠誠を誓っており(クーデター後、二十三人の将軍のうち、二十二人が降格あるいは追放されたことでもわかる)、ダウドも安心し切っていた。ダウドは大統領官邸で、戦車に包囲され、空軍機に空爆される中、抗戦しながらダウド支持派の軍隊の到着を待つが、それも間に合わず、官邸に乗り込んできた兵士により射殺される。

## 再びパンシールへ

七八年四月のクーデターは成功し、タラキ（ハルク派）を首相、ハルクの実力者アミンとパルチャミ派のカルマルを副首相とする政権が誕生した。ソ連との間に友好善隣協力条約（後に侵攻の口実となる協力事項が含まれている）が結ばれ、ソ連軍事顧問団は二千人から七千人へと増員される。政権の陰の実力者アミンは対立するパルチャミ派の閣僚を追放、その中心人物カルマルは東独に亡命した。

理想のイスラム共和国を夢み、共産主義政党ハルクの統治が人民を離反させることを確信したマスードは武闘を開始すべくクナール、ヌーリスタンを経てパンシールに向かう。ハルク（人民党）による共産主義的政策――婦人解放、土地改革、宗教からの解放――は、アフガニスタンの伝統的社会の諸要因をかえりみることなく、急激に実施されていった。そして国のすみずみまで行き渡っていたイスラムとイスラム社会に敵対していくことになる。

彼らの婦人解放とは婦人のチャドルをはぎとり、子供の世話をかかえる母親を無理やり学校に送りこむことだった。そして子供たちには、イスラムの哲学とまったく矛盾するダーウィン進化論を教えた。土地改革は、土地を没収・分配したものの、負債の帳消しを認めたことで金貸し業者が農民に貸し付けなくなり、恩恵にあずかるはずの農民は種も買えず、逆に収穫が下がり苦しむことになった。

またコーランを穴を掘って埋めたり、機関銃で撃ち抜いたりもした。尊敬されるべき聖職者へのいやがらせ、モスクの焼き打ちなどはイスラムの信仰厚い人々の反感を買った。一方、都市部では、強制的なデモ・集会への参加とともに奉仕活動の義務などが人々に課せられた。

これらの政策は、未経験な若い閣僚たちがマルクス主義をテキストそのままに、しかも過激にアフガン社会にあてはめようとしたものだった。このイスラム社会との対立は、国民に圧倒的影響力のあるイスラム指導者だけでなく、政府の政策によって恩恵を失うことになった地主・部族長など、社会の指導者たちの怒りを巻き起こした。これらの経過の中で、イスラム指導者・長老は〝聖戦〟を宣言するに至り、共産主義者と戦うことは全イスラム教徒の義務となったのである。

〝聖戦〟の戦いは、一九七八年十一月の〝独立ヌーリスタン〟の誕生を皮切りに、全国に飛び火し、パクティア、ナンガハール、カピサ、パラワンと広がっていった。マスードはクナールで数カ月、政府軍と戦い、当時最も反政府運動の盛んだったヌーリスタンでそのイスラム自治を勉強したのちに、パンシール入りした。そして、マスードは武闘を開始していく。カブールとソ連を結ぶサラン・ハイウェイに盛んに出撃するのもこの頃だ。

全国に広まる反乱の中で、ソ連は政府にその過激な政策をスローダウンするよう忠告するが、彼らは聞き入れないばかりか、逆にソ連大使に、共産主義と真のマルクス主義について延々と講義するほどだったという。一九七九年三月にはヘラートで焼き打ち事件が起こった。ソ連軍事顧問とその家族三十人がズタズタに切り裂かれ、市民二千人が町を四時間ほど占領するが、空爆で徹底的に鎮圧された。

これらの状況の中で、人々はマスードの戦いを支援し、七九年夏には峡谷を解放し、イスラム戦士による自治解放区を創出している。その戦いについて、彼とパキスタンから行動を

◀作戦を副官に説明する。

共にしパンシールでの戦いを一緒に始めたタガブ出身のカリムラー（三十二歳）は、当時の様子を語る。

「私がパリヤン（パンシール最上流の村落）にくる前にも、どこから戦いを始めればよいかなどは皆で話し合っていたので我々がパリヤンに着いた時、そんなに苦労なく、肉やナンなどの支援を受けることができた。司令官マスードの考えで、パンシール峡谷の下流から上流まで戦いが始まりました。最初は二十二、三人しかいなかったし銃も旧式なものしかなかったのです。上流のダシュテレワテの山の上に遊牧民がいたので、我々は彼らのテントの横に同じような住居をつくり、出撃していました。

その頃、政府の郡庁を攻めました。その戦いは夜の一時半から始まり、翌朝まで続きましたが、敵は戦車を持っており、我々も攻めあぐんでいました。戦士が『もう無理だ。引き返そう』といいだした時、マスードが『あと十五分のうちに、イスラム戦士の本当の力をみせる』といって、誰も扱い方を知らなかった奪った敵のロケット・ランチャーで戦車を破壊してしまったので、我々は装甲車やトラックの兵士を捕虜にして大量の武器・弾薬を奪うことができました。また、ダルマンという所では、我々は一度も勝てなかったが、マスードが『戦う』といって出かけて、一時間でそこにいた政府軍を撤退させてしまった。その時、私は『本当にマスードというのは凄い男だなあ』と思いました。北のサラン・ハイウェイでは、マスードが橋にダイナマイトをセットして爆発させ、一週間も彼らをくぎづけにし、そこを通過できないという戦果をあげました」

また、当時、パリヤンに住んでいて、マスードと協力して戦いを始めた中年の戦士は語る。
「マスードはたびたび、サラン・ハイウェイの攻撃に出撃していました。ある作戦で敵を攻撃中、マスードが撃たれ、戦士たちは司令官が撃たれたということで、総くずれとなって、大部分が逃げてしまった。マスードは太ももに弾を受けて負傷したが、布をまきつけて出血を止めながら、逃げようとする兵士に『死か勝利かだ。残って戦え』といって引き止めた。大部分（百五十人）が逃げてしまったが、マスードと残った五十人の戦士たちはよく戦い、作戦を成功させてしまった。

かなりの出血で重傷だったマスードは、戦士たちに背負われて四日かかってショタルの町にたどり着き、そこからバザラックに戻った。パンシールの人々は、逃げだした戦士たちからマスードは死んだと伝えられていたので、彼を見て驚いた。彼は治療を受け、まだ治り切っていないのにパンシールの上流から下流まですべての地域を訪れ、逃げだした戦士たちに会おうとした。そして彼らに会うと『どうして逃げたのか。我々は戦い、成功した。貴方がたが残っていれば、もっと楽に戦えたし、もっと大きな成功を勝ちとれたのに』といった。

戦士たちが『敵は我々よりも圧倒的に強い』というので、マスードは『そんなことはない。我々の方が強いのは、この戦闘の結果を見ればわかるじゃないか。我々は勝ったんだ。自信をもて』と説得して歩いた。そんなふうにして彼はすべての戦士に会ったんだ。二カ月後には、また多くの戦士と再びサランに出撃して、作戦を成功させて多くの武器を奪うことができた。

人々は当初、〝戦いと団結〟を訴えるマスードを『ただ口先だけだろう』と思っていたが、彼が戦闘で勇敢に戦う男だというのを知って、どんどん彼についてくるようになった。また彼は戦闘を行うだけではなく、我々に銃の扱い方とゲリラ戦を教えてくれる教師でもあった。彼はいつも圧倒的な敵に立ち向かう。彼は神の御加護を得ていると私は思う」

マスードが当初、戦いの基地とした上流のダシュテレワテで現在、地区司令官を務めるアモン（三十五歳）も当時をふり返る。

「タラキは残酷で、宗教を信じている人をすべて抹殺しようとしていた。パンシールでも、子どもや女性に共産主義教育を吹きこもうとしたが、我々は反対して学校に行かせなかった。『ここは共産主義者のくる所ではない。自分の所に帰りなさい』と我々は彼らにいった。彼らに対する反感は激しくなり、戦いが始まった。地域の行政府を我々は手に入れ、橋を二つ爆破し、政府軍がこられないようにしました。初めの頃は、我々の中にパルチャミやハルクも入りこんでいて、彼らは反政府の動きをする人々を逮捕しようとしたり、密告しようとしていた。マスードがくるようになってから、戦いを彼から学び、聖戦をスムーズに行えるようになった。政府との協力者もまだいたが、我々はシャーマロフッという所で政府軍を初めて破って、ルハの郡庁をも攻め、そこでも彼らを打ち破った。タラキとアミンの時代はそのように過ぎていったのだが、ある日、大きな飛行機が大編隊で上空をカブール方面に飛んでいくのを見た。アミンが殺され、カルマルがソ連軍十万とやってきた時のことだとあとでわかった」

## ソ連軍の侵攻

ソ連はアフガニスタンの反乱を前にして危機感を募らせ、軍部を中心とする調査団を送りこんだ。その調査結果は、ソ連の軍事援助と介入を大幅に増加させなければ、アフガニスタンの革命は維持できないというものだった。

ソ連指導部はアミンに、指導部の幅を広げ、過激な改革を再考するように迫ったが、アミンはこれを受け入れなかった。ブレジネフはモスクワを訪れたタラキ革命評議会議長にアミンを排除するように示唆したが、タラキは帰国後、逆に殺される。アミンは革命評議会議長となり名実ともに支配者となり、最初の放送で、米ソからの等距離外交を宣言し、自主外交を匂わせた。ソ連はタラキ死亡の段階で、軍事介入を覚悟しており、一九七九年十二月二十七日に侵攻を開始。アミン議長はダルラマン宮殿で、ソ連軍空挺部隊と銃撃戦ののち、死亡した。ソ連は侵攻と同時に、東独に亡命していたアミンのライバル、カルマルを運びこみ、彼を革命評議会議長にまつりあげた。これ以降、ソ連軍が、イスラム・ゲリラ勢力と直接、対峙していくことになる。

ソ連としてはアフガニスタンのイスラム革命勢力を放置すれば、準衛星国ともいえるアフガニスタンを失うばかりか、自国内のイスラム圏——タジク、トルクメン、キルギス、ウズベクなどの共和国——にもイスラム革命の波が及んでくるという脅威があったのである。

## ソ連軍の大攻勢の中で

パンシールは、この戦争（ジハード）の中で、七八年十一月の〝独立ヌーリスタン政府〟に続いて最も早く解放区を作り上げたところでもある。ソ連軍は八〇年春以来、六度にわたり、〃ゲリラの聖域〃パンシールとカリスマ化する〃マスードの名声〃をたたきつぶそうとして大攻勢をかけてきた。八〇年四月に五千。同八月に一万。八一年一月と九月には一万五千。八二年四月の五度目の大攻勢には一挙に三万人を投入したが、ことごとくマスードとパンシールの戦士たちの前に敗れ去っている。

ソ連軍は大攻勢のたびごとにカブール放送などを使って「パンシールの山賊の壊滅」と「マスードの逮捕や死亡」を流し続けてきたが、彼は健在だ。当初七百丁の旧式銃しかなかった戦士たちが、圧倒的な敵を破っていく背景には、マスードの組織化の巧みさと優れた指導性があるのはいうまでもないだろう。

その戦術についてマスードは「各地区のカラルガがそれぞれの地区を守り、そこを通ろうとするソ連軍をまずたたく。敵が他地区に入るとそこのカラルガがまた攻撃し、前の地区のカラルガが背後からソ連軍をたたく。そしてマタハリック遊撃隊が、敵の弱いところを突き、敵を分断させる」と語っている。

敵の執拗な攻勢をかわし、何度も修羅場を踏んだマスードも、八二年四月から八カ月にわたった前回の大攻勢に使われた攻撃方法には苦労したようだ。ソ連軍はベトナムのアメリカ軍のようにヘリ・ボーン作戦を展開。山々にヘリを着地させ、そこから空挺部隊を峡谷めがけて突入させてきたからだ。この新手の戦法にマスード自身も度胆を抜かれたといい、その奇襲で多くのすぐれた司令官と戦士を失った。

攻勢時、マスードと一緒にいた副官のビスミラー（二十二歳）はその時の模様をこう語っている。

「八二年四月だった。二百機の飛行機が次から次へと攻撃してきて、パンシールの戦士と一般の人々は、ほとんど山に逃れた。戦士はほら穴や岩の下に隠れていたが、我々の目の前に爆弾が次々と落とされ、ヘリは乗員が見えるくらい近づいてきた。私たちは小さなグループに分かれて隠れていたんだ。他のグループは皆、死んでしまったんじゃないかと思われるぐらいすごい爆撃だった。私たちは弾丸が足りなかったので、こっちが撃ったら、こんどはほかの戦士が撃つという工夫をしていた。

ソ連機が近くに着陸しようとしたけど、そこにいた戦士たちが一斉に撃ちまくって、彼らは降りることはできなかった。夜になってから、私が偵察にでると、敵の声が聞こえ、タバコの火がみえた。近づいてみると、二、三十機のヘリが着陸していて、大勢のコマンドが見えた。その夜は何とか過したけど、翌朝は昨日よりもすごい爆撃だった。ソ連軍はヘンジやダシュテレワテに降下部隊を送りこんで占領しようとしたので、我々と一週間、激しく戦闘が続いた。

村人たちを村に残して戦士だけ山に登ってしまうのは良くないと思い、他のグループとも連絡をとり、下の方にでて敵の地上部隊を攻撃しようと思った。我々が戦いを激しく始めると、敵は村人の方を攻撃するので、また上に登らざるを得なかった。ソ連軍が村を占領するとの情報があったので全部の村に『自分たちで対策を考えるように』と伝えた。二つの村だけは連絡がうまくいかず、村に人々が残ってしまったが、他の村はすべて避難して山に逃れた。だから、ソ連軍が村にきた時には、あまり人がいなかった。そしてソ連軍の攻撃が始まった。我々が強さを発揮すると、彼らは弱気になり、そうなると我々はますます強くなっていった。貴方が見たヘリの残骸も、我々が一斉にカラシニコフを撃って落としたものです。その時は、他にもヘリがどんどん着地して、二百人くらいのコマンドが降りてきたので、我々はチャンスと思って撃ちまくりました。百人以上の死者と怪我人をださせ、三十丁以上のカラコフ（AKS突撃銃——カラシニコフの新型）を奪って、他に戦車一台、爆薬、無線機なども奪いました。ソ連兵が引きあげる時、倒れている仲間を蹴って、もし死者でなく重傷者だったら、頭を撃ち抜いて、その死体の下のカラコフを持って引きあげていくのも見ました。

マスードが我々の力を引きだしてくれたのです。私は初めて戦闘の厳しさを経験したけど、これから先、もっと厳しい戦闘もあるかも知れない。我々は『弾が尽きて、敵に捕まりそうになったら、仲間同士で殺してもよい』ということも決めたけど、幸いそういうことはありませんでした。マスードがカラコフ、トウジュデンがカラシニコフしか持っていなくて弾も百発くらいしかなかったけど、怖くありませんでした」

この戦闘の際、ビスミラーはテープを持っていて、戦闘の様子を記録していた。そのテープにはヘリやジェットの爆撃や機銃掃射の音に混じってマスードの会話も入っている。戦闘の時のマスードの様子がわかるので文字に再現してみる（『　』がマスード）。

◀戦士たちに射撃を指導するマスード

（戦士たちは大きな岩陰にいる。六人に自動小銃が三丁、弾が百五十発）

「八台の戦車がいる」

「はーはー（息切れ）、大勢の兵士がいる」

『座れ、座れ』（ヘリのプロペラ音）

「場所を変えよう」

『すこし、待て。ここの方が良い』

「ヘリコプターが着陸する」

『座れ、座れ』

『ヘリは来ない。低空飛行している』

『注意しろ！　注意！』

「私たちの近くにきた」

「おお、神様、我々を助けて、勝利をお与え下さい」

『外にでるな！　準備はできたか。弾倉を装塡しろ。確かめろ』

『ソフィー、外にでるな。貴方は戦闘を知らない』

「アラー・アクバル」

―ダ、ダ、ダ、ダ、ダ、ダダー（戦士の銃が一斉に火を噴く）

「五機、違うのがきた」

『彼らが周りを囲んでも、降伏するな。死か勝利かだ！』

『空のヘリは気にするな。降りてくるコマンドに注意しろ。地上の敵に注意するんだ』

――沈黙
「彼らはガスを使いはじめた」

『ターバンかショールで口をふさげ』

『前に進め！　前に進め！』

「アーメル・サーブ（マスード）。貴方は前に出ないで。敵は貴方の顔を知っている」（ビスミラー、泣きながらいう）

『心配するな！　おびえるな！』

『十六機のヘリがいる』

「ヘリはここには着陸しない。ここから見えない所に着陸したのだろう」

『無線機で、そっちの隊と話せ』

「ラーイラハ、イララ、モハマッド・ラスールラー」（アラーの他に神はなく、モハマッドはアラーのみ使いである）

『彼らは、ここに着陸する勇気がなくて去っていった。奴らはバッタのように飛んでいく。だが、すこし待て。隠れているかも知れない』

『静かに、静かに。心配するな、あわてるな。自分を見失うな』

――叫び
『すべての明かりを消せ。ほかの敵のグループがやってきた』

——ボン、ボン、ボン（爆撃の音）、ダ、ダ、ダ、ダ、ダ、ダ、……（ヘリの機銃掃射）

『インシャラー（神の意のままに）、向こうは何もできない。勝利は我々に』

「敵はただ旋回している。燃料が切れて戻り始めた」

「よくわからない。彼らがどこに行くのか。去っていく」

『味方はどうなった。何人負傷しているか、何人死んだか確かめるんだ』

## 側近たちの証言

「ヘリやジェット百二十機くらいがきていて危険だった。パラシュート部隊も降下してきた。爆撃して、機銃掃射した。岩、山、家、すべてに撃った。我々はある所に隠れていた。マスードも一緒だったけど、隠れた所から下を見るとすごい数のヘリが着陸していた。マスードは皆を怖がらせてはいけないと、そのことをいわなかった。そして『銃と手榴弾をくれ』といって、受けとると自分だけおりていった。彼は我々に戦闘させずに、『敵がこの穴まできたら戦え』といい残して行った。『生きて降伏するな。死ぬか生きるかだ』ともいった。マスードは様子を見てすべてをわかっていたから危機感をもっていたが、穴の前に立って我々にあまり敵を見せないようにしていた」（トウジュデン、四十二歳、元商店主）

「わしゃあ、マスードと五年間いたよ。マスードが足に弾を受けた時も、マスードを背負ってサランから帰ってきたよ。マスードの危険？　そりゃ、どの戦いも危なかったよ。マスードは峠の上で、百メートルと離れていないソ連軍ヘリと戦ったこともあった。わしとメルゴーググルとマスード、たった三人でだよ。またある時はわしとマスードが峠にいて、向こう

◀川のほとりで、一人、礼拝をする。

側はソ連軍が布陣していた。広場にテントがびっしり張られていたんだ。峠から我々は攻撃して、テントを炎上させた。戦車も破壊した。ほら、戦車はそこにあるじゃないか。大砲はマスードしか扱えなかった。川向こうに戦車があったろう。あれもマスードがそれでしとめたんだ」（ココ、四十三歳、ジープの運転手）

「ソ連軍が村に攻めてきたが、ソ連軍は四日目ぐらいまでは頑張るけど、もし負けそうになったら、五日目にはそこから逃げてしまう。六カ月間、戦いました。マスードはあちこち歩いて命令してました。特に私のいたポーランデは、戦闘は激しかった。一日中、朝七時から午後四時まで激しい戦闘の連続だった。ソ連軍は降下したけど、我々がそこの降下地点から一歩もださなかった。彼らは危なくなると、周りに地雷を埋めだした。が、戦士はそれを気にせず、すべて取り除いて攻めていった。それで奴らはどうしようもなくなって撤退していった。それで我々は、たくさんの武器と毛布などを手に入れた」（アモネディン、二十一歳、マスードのボディガード）

**マスード自身のコメント**

「八二年四月の大攻勢の第一日目、ルハで百三十人のソ連兵を殺し、五機のガン・シップ（ヘリ）を破壊した。二十四丁のカラシニコフ、他に六丁の銃、二台のRPG対戦車砲、R一〇五通信機十二セットを捕獲した。彼らは、私がオノアにいると思い、そこを探索したが、私はバザラックのそばにいた。日中は二百機のヘリと六十機のミグの爆撃で動けなかった。

二日目以降、ガン・シップが八機編隊で次々と山々に着陸。またソ連軍はグルバハール方面からパンシール峡谷に入り、破壊された道路を修復して戦車用の鉄橋をかけようとした。爆撃は二十四時間続いた。私のいた村には五時間の爆撃があった。二、三日爆撃が続き、戦士たちは小さな峡谷に逃れた。

ソ連軍はルハ、オノア、バザラック、オマルス、オストナの五大ポストを占領した。人々は日中、山に逃れ、夜、戻ってきていた。多くの人々は山を越え、アンダローブに逃れ、女、子ども、老人はそこからカブールに逃れた。降下部隊が山中に下り、穀物畑を破壊し始めた。また彼らは戦士たちの重火器を捕獲しようとして失敗して、反対に山の上から排撃されていった。戦士たちが陣地をとり戻していくと、彼らは対人地雷を山中にたくさん仕かけて撤退していった。

五つの大きな町でも、戦士たちに包囲されて、敵は戦車や弾薬、食糧を持ったまま降伏してきた。カルマル政府の国防相が話し合いの用意があるといってきた。私は彼らの手紙には返事をしなかった。彼らはカイライであるからだ。戦闘は引き続き行われ、戦士側に優位に傾いていった。

八月、ルハでは、彼らの連絡陸路は切断され、弾薬庫が爆破された。我々は司令部の百五十メートル手前まで詰め寄った。ルハが我々の手に落ちそうになった時、彼らの第二次大攻勢が開始され、また爆撃が始まった。我々は捕獲した戦車、大砲を破壊して、また近くの山に逃れざるを得なかった。が、その二度目の攻撃も失敗に終わり、我々はジワジワと彼らを包囲していった。

そして二度目の手紙が届いた。それにはドクター・ナジブ（国防大臣）の署名があった。降伏しなければ、史上、類をみない大攻撃を加えると脅迫してきた。ソ連軍は毒ガスを使おうとしたが、風が強いため、自陣に被害を与えるのを恐れたアフガン空軍のパイロットがこれを拒否した（この情報は、国防省内のマスードのスパイ報告による）。この手紙に対して、我々は前線でそれに返答した。敵はルハとオノアで戦士たちに包囲され、あらゆる方向から攻撃され、日中は身動きがとれなかった。

アフガン政府軍は武器を持ったまま、我々に投降し続けた。敵は空爆を続けたが、パンシールにはもう破壊されるべきものは、何も残っていなかった。それでも敵は人々を山から下させ、共産主義に従わせることはできなかった。ルハとオノアの武器庫と燃料庫が爆破されるに及んで、彼らの志気は大いに下った。そしてソ連の副総司令官が手紙を送ってきて、一方的に休戦を宣言、我々は交渉に入った。

**側近たちのマスード評**

マスードと共に戦い続け、今、一緒に働いている男たちは彼をどう思っているのか彼らの声を拾ってみる。

「彼は人間関係を大切にできる人だ。政治の能力もある。ただの軍事的な才能だけではこうも有名になれない」（カリムラー、三十五歳、ペシャワールでのパンシール代表）

「我々はイスラムの信者であり、神とコーランを信じています。イスラムでは『もし誰かがイスラムの国や人々を良くしようとするなら、その人に従わなければならない』と教えてい

◀副官たちと深夜まで作戦を練る。

ます。我々からコーランやイマン（信仰心）がなくなったら何もできません。イスラムに対する脅威を取り除くこと、彼が国を解放しようとすることを我々は助けなければなりません。彼はイスラム教の教えどおりにできる指導者です。しかし、彼がもし、反イスラムになったり間違えた方向にいけば我々は絶対、彼に従わない。彼がイスラムを守っている人だから、我々も彼を守らなければならないんです。五年間の彼の戦いは、我々を守ることだけに費やされた。組織づくりで戦士の力の向上を図った。彼の考えたことは、すべて我々の役に立っている。すべて計画通り、うまくいっています。もちろん、戦いに勝ってきたのはいうまでもなく神のお陰ですが、神はただ簡単には勝利を授けない。戦士や人々が努力してはじめて得られるのです。ここの戦士も指導者も、他の地域よりよく働いていると思う。上が良いイスラム指導者なら、下も良いイスラム戦士になっていくということです」（トウジュデン、四十二歳、側近の一人）

「マスードは政治的な能力をもっていて、すべてを良く知っている。そして人をいろいろ使い、統率力もある。わしはマスードが好きだ。国民の九九パーセントもマスードが好きに違いない。よく働き、よく指揮をとり、寝ません。よく働く人はいるだろうけど、彼ほど頭を使う人はいないよ」（マスードのジープの運転手、ココ）

「八年前の最初の戦いで、山中をさ迷った時、私が病気になった。毛布もなくガタガタ震えている私を、マスードは両腕でかかえこみ、抱くようにして一晩中、看病してくれた。彼の素晴らしい個性——勇気、知力、謙譲心、統率力、やさしさ——は、神からの授かり物とし

か考えられない」（パンシール・スポークスマンのエンジニア・イサク）

「ソ連軍の攻撃下で、食物がなくラワシイ（ワラビに似た植物）や草を食べていた。エネルギーが尽きかけていた時、マスードが、五、六人の戦士とやってきた。我々に食物がないのを知ると、彼の持っていた食物をすべて置いていった。それで我々は力を得て、また戦った。私は知っている。彼が勇敢で偉大な人であるということを。彼のような人は、アフガンの歴史の中でもう生まれないだろう。彼の能力が全アフガニスタンに広がればよいと思う」（マラスパの地区司令官、モスリム）

町で会った人、村の兵士、老人、みながマスードを尊敬し愛しているようだ。

「彼は若く、ライオンのように勇敢だ。彼のような人はそうざらにはいない。もう、生まれてこないかも知れない。神様が彼を、我々に与えて下さった」（七十歳の老戦士）

「パンシールをはじめて統一・組織化したのも彼だ。我々、パンシールの人々はすべて、彼に誇りを持っている」というオノアの六十歳の老人は歌い出す。

神のもとに、我々は聖戦（ジハード）を行っている
ムハンマドは我々のリーダーで、コーランは我々のガイドだ
マスードは我々の長だ
ムハンマドはリーダーで、神は我々の支持者だ
マスードは若く頭も切れる

マスードは頭領だ
マスードは神のコーランを理解している人だ
司令官はマスード
我々の勝利は間違いない

＊

「愛」——愛する暇がない。こういうのは時間のある時の話です。

「結婚」——これは人間の自然の成りゆきです。平和になれば、結婚します。

「恐怖」——私だって、人並みに怖いこともあります。

「死」——私が死ぬ時、それが神の意志だろう。神の御加護がある限り戦う。命、燃え尽きるまで戦うという言葉が好きです。


（八三年五月三十日、ジャンガラックの家で、マスードへのインタビューから）

# 第四章　ヒンズークシを越えて

信仰するものよ
アラーに従え、み使いに従え
そしてなんじらのうち
権能を与えられた者に従うべし……。
（聖コーラン第四章五十九節）

## 組織づくりの旅

星も月も雲におおわれ、まったくの闇夜だ。バザラックから支流沿いに、ライトもなくズィアと私は歩きはじめた。二、三メートル先の彼がほのかに見える。

岩につまずきながら彼のあとを追う。ポーランデ川が、大きな岩に激しくぶつかり、波のさかまく音が聞こえる。飛沫で濡れた岩にすべらないように目を凝らして岩の間を歩いていくと光る物が見える。ホタルだ。石の間で青白くボーと鈍い光を放っている。

ポーランデ川は百二十キロにわたるパンシール川の支流の一つだ。ポーランデはソ連軍降下部隊と戦士たちの戦闘が激しかった所でもある。戦闘中、ソ連兵はライトやタバコの火を狙い撃ちされた。電気に慣れきった都会人、古い生活を守ってきたアフガン人。電灯を使えず、私のように闇夜でオロオロするソ連兵。彼らを狙い撃ち、闇の中を素早く移動する戦士たちの姿を思い描きながら歩く。

ポーランデの一番下流にある集落に着く。ズィアと一軒の家の中に入っていくと、その家の二階でマスードと側近たちが打ち合わせしていた。留守を守るビスミラーにマスードが指示を与えている。その場にハビブやショニオ、トウジュデンの顔も見える。マスードから「北のアンダローブに発つ。準備をしてこちらに向かえ」というメッセージを、私とズィアは今晩受けとり、急いで身づくろいをしてここにきたのだ。

前からマスードに、北にオルガナイズ（組織づくり）の旅にでる時はぜひ、同行させてくれと頼んでいたのである。今晩、ジャンガラックで戦士に最初、「マスードはアンダローブに発った。ズィアとオマール（私）はパキスタンに向かえ」といわれた時、置いてきぼりを食ったのかとガックリしたが、その話は戦士の冗談で、マスードはきちんと約束を守ってくれた。彼を見て安心していたのも束の間、マスードの「ハラカット（出発）！」という声が響き、また闇夜の外にでる。

ポーランデ川に沿って小道を歩き、濡れた地面を滑りながらのぼっていく。時おり、幾つかの集落の家々が闇の中に浮かぶ。それらを通りすぎて二時間も歩いたろうか。橋を渡り、小道からはずれて、斜面の畑を横切って村はずれの一軒の家の前に着いたのは夜中の二時半を回っていた。

マスードがその家の扉をたたく。男が眠そうに起きてくる。その男はマスードたちと抱き合い、あいさつを交わすと我々を部屋に案内した。しばらくすると、用意していたらしい肉入りのパラオ（炊き込みご飯）とヨーグルトがでる。食事を終えると、私は疲れで急に眠けを感じ、横になる。脇ではマスードたちがロザ（ラマダン――断食月――の断食のこと。年に一カ月、早朝から日没まで一切のものを口にしない）入りの長い礼拝を行っている。

朝、起きて二階の窓から外をみると、上流には見上げんばかりの岩山が雪に被われて、そそり立っている。下流の方をみると、急流がカーブを描きながら、白い飛沫をあげている。その谷間の急流の周りは緑が広がり、朝の陽光に輝いている。パンシールの人々が「ホーブ・ジョイ（良い所）」というポーランデの景観である。

マスードの側近の一人、トウジュデンの家はすぐこの家の横だという。彼の子どもたちがやってくる。

彼は六人の子の父親だ。「このポーランデの家に戻れるのは週に二日くらい。特にこの二カ月、全然、子どもたちを見ていなかった」という。部屋では子どもたちが駆け寄ってきて、父親のそばを離れようとしない。八歳、六歳、四歳の男の子の中で、一番下の子が一番やんちゃだ。マスードがこっちにこいと手招きをすると、寄っていったが、抱きかかえようとするマスードの頬をたたいたり、膝を蹴ったり、したい放題。英雄マスードもやんちゃ坊主の前にはかたなしのようだ。

天真らんまんな、この子の動きを見てマスードも相好をくずす。トウジュデンは末の子を膝の上に乗せ、ふくらんだお腹を静かにさするようにすると、この子は気持ち良さそうに目を閉じている。回虫でもいるのだろうか。その子が他の戦士と遊んでいる間に、すぐ上の子が、ふざけて父親のヒゲを引っぱる真似をすると、その子はそれを見るなり、駆けだしてきて兄に小さな掌で殴りかかり、彼を押し倒す。父親はそれを制止しながらも、目を細めて笑っている。こんな幸福そうな彼の顔をはじめて見た。

後日、アンダローブで、トウジュデンに軽い気持ちで「こんなに家に帰らなかったら、子どもたちが、父親の顔を忘れてしまうだろうね」というと、「戦争が終わる頃には、もう子どもは子どもではなくなっているだろうなあ」と、慕ってくる子らと一緒の時をすごせない彼は寂しそうに笑った。

翌朝、五時、その村を出発。アンダローブに向かう。ポーランデの最後の集落をすぎると、すぐ雪渓が始まっている。しばらく行くと周りは雪ばかりになる。ひたすら雪の斜面をのぼる。五千メートルを超えるヒンズークシの山々だ（直訳ではインド人を殺すという意味だが、歴史的にインド人がこの山脈を越えて以北を征服したことがなく、彼らが死ぬほど険しくて越えられないという意味であろう）。太陽が雪に反射して目がくらむ。彼らは休憩をとらずに一時間以上も歩く。小休止をとる登山に慣れている私には辛い。

◀(上)贈られた野の花を手に、旧友からの手紙に微笑む。◀(下)副官トウジュディンの子を抱いて、野を行く。

足を止め、息をフーフーつきながらきた方をふり返ると、パンシールの峡谷を取り囲むヒンズークシの山々が雪をきれいにかぶり、ノコギリの歯のように連なっている。その山々と同じくらいの高さまで登りつめたようだ。

皆のあとを遅れながら、ゆっくり、ゆっくり雪を踏みつけあえぐようにのぼる。十歩も歩くと足があがらなくなってしまう。喉もかわく。雪を手にとり口にもってくる。砲術隊長のサーレが私の後から「アラー・アクバル（神は偉大なり）と唱えろ。そうすると力がでてくるから」と尻をつつく。

やっと岩が少し露出した所にでて、そこに腰をおろして休む。ポーランデで用意してもらったナンと煮こんだ肉を昼飯にしてほおばる。岩に張りついた氷を口の中で溶かして、固くなったナンを流しこむ。

食事が終わるとすぐ出発。まわりはまったくの銀世界だ。ただ空がどこまでも青い。時折、頭上を小さな雲がさえぎり、風に粉雪が舞う。やっと稜線が見えるところまできたが、百メートル以上の壁になっている。そこをやっとの思いでのぼり切り、稜線を越えた。あとは下りだ。

昼の強い日光で解け始めた雪に足をとられながら、つんのめるように急斜面を駆けおりる。靴の中は雪が入ってビシャビシャだ。マスードたちはずいぶん、先に行っていて、雪が切れて芝生がのぞいている所で、私を待っていてくれた。

とにかく彼らの体力には驚かされる。彼らはナン（パン）とロガン（油脂）のシュロオ

◀ヒンズークシの高峻を越え、組織化の旅を続けるマスード一行。

（スープ）が主食で、時たま、ご馳走として飯、肉、ヨーグルトなどを食べるだけで、全体として食事は貧しい。よくもこんな粗食で、どうしてこんなに早く動けるのだろう。ただ、彼らは食生活のせいか、老けるのが大変早い。同年齢でも日本人より確実に五歳は老けて見えるし、平均寿命も五十歳くらいだ。

下りの山道をひたすら行けども人間の姿はない。五時間も下ったろうか、夕方にやっと牧畜民のテントを見る。遊牧民の黒のテントとは違い、太い木の梁を使い、屋根を木の繊維で編んだもので覆った移動家屋ともいえるテントだ。聞いてみるとアンダローブの人々で、時折、山の牧畜地に羊や牛を追ってきて、バター、チーズ、牛乳をつくって町で売るのだという。

その一軒でマスカオ（バター）とシィール（牛乳）をご馳走になる。彼らは私たちがアーメル・サーブ（頭領）の一行だと知ると、上等の敷物をもちだしてきてその上に私たちを座らせ、ピカピカのグラスにチャイ（お茶）を注ぐ。周りの移動家屋からは、人々が次々とあいさつに訪れる。一人の男が次の村にアーメルの到着を告げに馬を飛ばす。別の男が出発するマスードに馬の提供を申しでた。しばらく行って、礼拝のため、馬をおりたマスードは、目を真っ赤に充血させた私を見ると、心配して馬を私に譲ってくれる。

目がチカチカして熱っぽい。サングラスがなかったので危ないとは思っていたが雪目のようだ。雪山でレンズをのぞきすぎたせいに違いない。馬を走らせる。マスードは出迎える人人の握手攻めでゆっくりしかこれないだろう。村人に教えられて、その日の宿に駆けこむ。

すでに日は落ちていた。私は家に上がるが、ランプを見ただけで涙があふれでて、痛みで目をあけていられない。横になり、濡れタオルを目にのせる。

遅れて着いた一行は、私を心配して部屋をのぞきこみ、「オマール、大丈夫か。どうだ」と声をかけてくれる。「緑茶を目に差しこむと良い」とか「濡らしたタオルは良くない」と口々にアドバイスをいう。目の痛みがひどく、このまま見えなくなってしまうのではないか、いつ治るだろうか、マスードについて行けるだろうかと不安は広がる。

目の見えない私にハビブや、シュクルが世話をしてくれる。食事を食べさせ、タバコをくわえさせ、火をつけ、便所にまで手を引いていってくれた。トウジュデンは「薬だ」といって液体を私の目に差す。何かザラザラした異物が入っていてすごく痛い。涙がボロボロでた。あとで何の薬かと聞いてみたら、岩塩を水で溶いたものだというではないか。道理でザラザラしていたはずだ。

夜中に眠れないでいると「ラーイラハ、イララ、ムハンマド……」とコーランの文句が聞こえる。マスードの声だ。彼は寝言をいうのかと思っていたらそうではなく、彼は表にでていった様子だった。

翌日、聞いてみると、皆、軽い雪目になっていて、マスードも痛くて眠れず、外にでたのだという。十二人中、雪目にやられなかったのは、ハビブとトウジュデン、それにシュクルだけだった。私がとにかく一番ひどかったようだ。

次の日は、一日中寝て目の回復を待つ。出発が一日延期されたからだ。アモンが、どこからかサングラスを手に入れてきた。それをかけると目があけられた。ぼんやりと外の世界が見える。ぼやけてはいるが、それは白黒ではなく、しっかりとカラーの世界だった。「助かった！」。山でサーレが唱えろといった「アラー・アクバル（神は違大なり）」。その言葉が瞬間、頭に浮かんだ。プラスチックの義眼ではない、偉大なる宇宙の創造主からの贈り物に感謝する。

翌日はサングラスをかけて出発。マスードもズィアもサングラスをかけている。途中、大勢の人々が待ちうけていた。それに加えて地元の戦士たちがマスードの周りを警護するため一行は百人近くになる。

アンダローブの渓谷をしばらく行くが、人家は少ない。渓谷が終わり、平地にでると緑も多く、家も見え始めた。プレソールのカラルガに着く。家の前には空を向いたドゥシカが置かれ、アンダローブの兵士百人が二列に並び直立不動でマスードの到着を待っていた。

ソ連軍ジープでアンダローブのアーメル、ガドウ司令官も出迎えにきている。ガドウはパンシールのダシュテレワテ出身で、パンシールの三大司令官に数えられるすぐれた司令官だ。彼の運転で、アンダローブの中心地バッサローに向かった。

途中のカラルガでは、マスードを追いかけて、ここまできたパンシールの老人が待ちうけていた。マスードに頼みごとがあるようだ。今でも十二人以上乗っている車に老人を乗せる余地はない。マスードは自分がおりて、「先に老人と病人（私？）を運べ」といい、自分はあとでいいという。老人は感激で目をうるませ、マスードの席に座った。

ベッサローの町はかなり大きく、バザールには服屋、薬屋、雑貨屋、肉屋、茶屋、金物屋がずらりと並ぶ。六十軒近くあるバザールは人々で賑わっている。営業用のジープや乗用車がお客を詰めこんでいる。彼らはカブールやサラン・ハイウェイ沿いの町まで行くようだ。町で見かける戦士たちはカラシニコフ銃をもち、RPGロケットランチャーを装備している。パンシールから供与されたものだろう。

そのバザールの中をジープが行く。助手席にサングラスをかけたマスード。ジープのうしろには、カラシニコフを肩にしたショニオとアモンが、ナンバープレートと予備タイヤに足をかけて乗っている。マスードの顔も、雪焼けして真っ赤だ。マスード一行が、宿泊先の家に着くと、町の実力者たちがドッと押しかけてきた。マスードを歓迎するドゥシカの祝砲が町に響く。

**にぎわう町のバザール**

以前、このアンダローブでは、ヒズビ・イスラミ（イスラム党）とジァミアテ・イスラミ（イスラム協会）が勢力を二分していたが、六カ月前にジァミアテが、ここを完全に掌中に収めたという。バザールでパンシールのマタハリック隊員を大勢見かけたのも、そのためだろう。

アンダローブはパンシールと違って、盆地になっており、緑も多く、穀物も豊富である。ただ、格段に暑いし、平地のため水質が悪い。山からの川の水を、途中で大勢の人が利用するからだ。最近、やっとカラルガが整備され、今は十四のカラルガができているという。

バザールのアイスクリーム屋の店主に以前の対立のことを聞いてみる。

「以前はヒズビとジャミアテのひどい抗争で、何百人も死んだ。商店街でもこちら側はヒズビ、あっちはジャミアテ、と色分けがなされ、普通の人も巻きこまれて、ずいぶん殺されたよ。マスードとパンシーリ（パンシールの人という意味）がやってきて、ヒズビは追いだされ、戦線は一つに統一されたんだ」

店にいた老人が「これは非常にいいことだ。殺し合いがなくなり、まとまって聖戦ができるんだからね」と話に加わる。他のお客も「マスードは統率力のある凄い頭だ」とマスードを誉め上げる。現在この店で、月五十アフガニー、他の大きな店で二百アフガニーくらいをジャミアテに納めているといい、安くて助かると店主はいう。

ここでは月曜と木曜の二回、市が立つ。その市の立つ日に、バザールに行ってみる。地方から羊や牛を売りにくる人、果物や野菜を売りにくる男、そしてそれらを買いに各地から集まってくる男たちでバザールはにぎわっている。私も卵、ギラス（さくらんぼ）、カバブ（串に肉をさして焼いたもの）、コカコーラと次から次へと買いこんで、物陰や家の奥にあがって食べる。今はラマダン（断食月）のロザ（断食）で、人々は朝、二時半に食べて、あとは日没の七時半まで、一切の物を口にできない。私はムサフェル（旅行者）だから、聖戦を行っている者と同じように、ロザを後日に延期できるのだが、ロザを守っている人々の前で食べるのはやはり気がとがめる。

パンシールのマタハリックの隊員がいたので、茶店の二階に引っぱり上げて、話を聞いてみる。彼は最初はクンドゥス（ソ連国境に近い都市。サランの北端にある重要拠点の一つである）への出発を待っているといっていたのだが、実は六カ月もここにいてヒズビと戦っていたのだと明かしてくれる。マタハリックの他にザルバティ十グループ（一グループは約三十人。ザルバティはマタハリックと並ぶ遊撃隊）もきているという。

「アンダロープのジァミアテ戦士は弱くてすぐ降伏してしまうんだ。山岳地帯の戦闘では、前後にいた彼らが逃げてしまったため、中央のグループが包囲され、何人かが捕虜になり、ヒズビに殺されてしまった」といい、「俺はもうここにいるのは疲れたよ。水も悪いし、暑くて参る。早く懐かしいパンシールに帰りたいよ」とこぼす。

マスードは「前の大攻勢の時、アンダロープの戦士たちが我々に送ろうとした米や小麦などをヒズビが邪魔して奪ってしまい、パンシールに届かなくて苦労した。今度から、戦闘中には、それらの支援が確実に行われるだろう」と私にいう。

日が沈み、七時二十五分のアザーン（礼拝への呼びかけ）の声が流れると一日の断食が終わる。人々はアザーンが流れる前にロザ・エフタール（一日のロザ明けの食事）の準備をする。庭に絨緞をひろげ、その上にモス（ヨーグルト）、チャイ（お茶）、ボドラン（うり）、コルチャ（ビスケット）を並べて、「あと何分」、「あと少しだ」といいながらアザーンを待つ。

そしてその時間になると一斉にむさぼるように食べ始める。ラマダンのロザ（断食）は、モスリムの五つの義務——信仰の告白、サラート（礼拝）、ザカート（喜捨）、ハッジ（メ

◀マスードの到着を待つ、アンダロープの戦士たち

ッカへの巡礼）の一つで、彼らの神アラーへの信仰の大事な証でもある。朝から一切のものを口にしないことで、食物の有りがたみ、食べられる自分の今の幸福を認識し、神に感謝するためのものだ。

その空腹や喉の乾きをいやす簡単な食事がすむと、礼拝が始まる。そのあとに本格的なご飯や肉の夕食がでる。そして再び礼拝。庭の木にカラシニコフや弾帯がつるされ、ＰＫ機関銃が木にたてかけられる。イマム（導師）を務めるマスードの横の木にガス灯がつるされ、人々の顔がランプのオレンジ色に照らし出される。

静まり返った広い庭の中で、マスードの声が甲高く響く。「仁慈あまねく慈悲深きアラーの名によって、アラーをたたえ奉る。よろず世の養育の王、仁慈、慈悲の王、審判の日の執権の主。あなたにのみ、私たちは仕え、あなたにのみ、私たちは、お助けを請い願う。わたしたちを正しき道に導きたまえ……」

## マンスールとの会談

朝九時にベッサローを出発。サラン・ハイウェイからわずか八キロしか離れていない村を目指す。途中で、戦士たちの検問にあう。英国製の旧式銃であるリー・エンフィールド銃を持つだけで装備は貧困だ。

「アーメル・サーブ」と知ると、皆、駆けよってくる。マスードの手を、腰をかがめ、両手を差しだして握りしめる。その熱っぽい視線とへり下った態度に、カハラモン（英雄）マスードへの畏敬と尊敬の念がありありとうかがわれる。村で用事をすませると、再びベッサローに向かい、その手前の村に入る。

　この辺りはヒズビの支配下にあった所らしい。私たちが川で身体を洗って戻ってくると、土地の長老、有力者三十人くらいがマスードを待っていた。マスードはヒズビからジァミアテに力が移ったことで戸惑う長老たちに「パンシールとかアンダローブとかいう区分けは必要でないし、乗り越えなくてはならない。我々は一つの国民、同じモスリムで兄弟ではないか」と説く。長老たちは、彼の言葉に安心したように帰っていった。

　夜、ヒズビ・イスラミのアーメル、マンスールが訪れる。二十人以上の護衛の戦士を連れている。ロケット弾をベルトに差しこんだり、大袈裟に弾帯をつけたり何やら物騒な感じで、服装もパンシールの洗練された機動性のあるものにくらべると、いかにも山だしといった感じだ。マンスールは大きな男で、筋肉隆々、司令官というよりパラワニ（アフガニスタンのレスリング。古い伝統をもつ）の方が似合っているという感じだ。

　マスードとマンスール、マンスールの腹心のエンジニア・サリム、それにズィアが一室に閉じこもる。話は明け方近くまで続いたようだ。

　翌朝、話し合いを終えてでてきたマスードの顔には疲れの中にも安堵の表情がみえる。このマンスールとの話し合いが、今回のアンダローブ訪問の核心でもあったのだ。対立関係にあった両者の和解がまず行われ、マンスール側はアンダローブから全面的に退き、サラン・ハイウェイにあるヘンジュンの町を勢力下とする。アンダローブの組織化はマスードが行い、ヘンジュン周辺の組織化は彼らが担当する。マンスールたちは統一に向けてマスードと戦線を組むことに同意したようだ。わずかの休憩をとったのちマスードはベッサローに戻る。

夜、マスードが十四のカラルガの代表者や有力者を集める。マンスールとの会談の結果を知らせ、これからの方針について皆に納得してもらうためだ。今までの戦闘で、アンダローブの司令官たちは、ヒズビに憎しみと不信を持っており、激しい討論が夜を徹して行われたが、最終的に彼らはマスードの考えに同意したようだ。

その後、マンスールと数回の会談が行われ、話は進展した。マンスールの兵士への訓練をマスードが行うこと、情報交換も進めること、サランなどで合同軍事作戦を行うということなどが同意された。ベッサローでの三度目の会談を終えて表にでてきたマスードにマンスールが腰に手を回し、二人で微笑みながら庭の方に歩いていく姿が印象的だった。これでマスードは北の脅威をなくしただけでなく、彼らを自らの統一戦線に取りこむことにも成功したわけである。

**政府軍脱走兵**

立派な庭園つきの家が、〝戦士の宿〟（カラルガ）としてマスードに贈られた。先日、マスードたちと下見に行ってはいたが、いよいよ移ることになる。

家主はアメリカに逃れてしまったということだ。百メートル平方はあろうかという庭にはセーブ（りんご）の木やトート（桑の木）がたくさん植えられ、小川も流れており、快適だ。家は二部屋、便所もあり、水浴び場もある。

マスードはじめ戦士たちも、もちろん私もこの新しい新居をすっかり気に入る。そのカラルガに、二人の若者がやってきた。ここで戦士として働くという。最近、政府軍から脱走してきた兵士だ。カブールで二カ月、ホースの基地で四カ月勤務したのち脱走。

「以前は、カブールの工科大学生だったが、バザールでの若者狩りでつかまり、無理矢理、徴兵された」といい、「私の部隊には三百人いたが、そのほとんどが戦士に同情的だが、経済的な事情などで仕方なく働いている。部隊内での礼拝はハルクとパルチャミの少数を除いて、ほとんどが行っている。それを禁止すれば、皆、戦士側に寝返ってしまうことを恐れているのだ」と部隊内の様子を語る。

脱走して家族に害は及ばないのかと問うと、「政府は以前のクンドゥスの住所は知っているが、新しく移転したカブールの住所は知らない。それほど行政能力もないし、また権威もない」と答える。続けて彼は「兄弟二人もイランで戦士の仕事をしている。私は以前から戦士側に情報を流して協力していた。パンシールの戦士はアフガンで一番だし、マスードは最高の司令官だ。彼のもとで聖戦に参加するために脱走してきた」という。

そして最後にこう語った。「この国は貧しく、国民も貧しかった。もっと豊かであれば、ソ連が侵攻するのを決して許しはしなかったろう。その前に何とか阻止していたはずだ」

アンダローブのカラルガも戦士たちで手狭になりはじめた。

「マスードがアンダローブに発った」と知り、次々と彼を慕う戦士たちが追いかけてきて、そのままこのカラルガに住みついてしまったのだ。運転手のショウブデンはじめアブドラー、カリル……。皆、マスードと戦場で死線を越えてきた男たちだ。

暑いし、カイク（蚤）もでるカラルガの家で、他の戦士とぎゅうぎゅう詰めに寝起きしても、マスードと一緒にいたいのだ。夜も彼らが一時間ずつ交代してマスードを守るために戸外に立つ。ジープに乗りきれなくても追いかけてくる。

彼らは、ここでの仕事には大して役に立たないけれど、マスードは決して彼らを追い返したり、席からはずすことはなかった。

山賊並みの風貌を持ったヒズビのマンスールとエンジニア・サリム。二人はマスードの前でも物おじせず、堂々と渡り合ったが、最後にはマスードの統率者としての度量の大きさと、その人を包みこむ柔らかい物腰に魅了されてしまったようだ。

**戦士となったソ連兵**

また、マンスールとの会談があるというので、ジープに分乗して、前の会談地と同じケシナバードにでかける。そこに、一年前に捕虜となって、そのままムジャヒデン（イスラム自由戦士）になったという二人の元ソ連兵がいた。

一人はウクライナ出身のナスラトラー、一人はカザフ出身のラハマトラー。名前はどちらもここでつけたイスラム名で、元は二人ともクリスチャンだったという。二人はヘンジュンの山の上で昼寝をしているところを戦士側につかまり、イスラム教に改宗し、いまはイスラム戦士としてソ連軍と戦っている。

ラハマトラーはジープの運転手、ナスラトラーは工兵だった。ナスラトラーは武器の操作に詳しく、ロケット砲でソ連軍の戦車を破壊し、ドゥシカで飛行機を撃ち落したという。また彼は日本好きで、空手もできる。前に空手をやっていた私以上に手や足の動きは早い。「回しゲリ」「前ゲリ」と日本語のまま覚えていて型を実演する。私に空手の練習法を必死に聞いてくる。また、日本の映画を何本も見ていて、「からゆきさん」は今でもいるのかといい、私を驚かせた。そしてしまいには、日本語のアルファベットを教えてくれという。ノートに「いろは」四十七字を書きローマ字で説明してあげると、それを一つずつ一生懸命暗誦している。彼ら二人の面倒はロシア語のできるエンジニア・サリムがみているようだ。

ナスラトラーは「『四カ月後にソ連軍が撤退する』とアンドロポフがソ連のラジオ放送で言った」という。エンジニア・サリムに本当かと聞くと、彼は「その話を信じる。今、その情報を流すのは戦士側にイランとパキスタンとで圧力をかけさせ、カルマル政権が倒れないようにするのが目的だろう」というが、まだ信じられないのでズィアとマスードに聞いてみると「多分、嘘だろう」とまったく信じていない。本当なら大ニュースなのだが、BBCもVOAも何も触れていないところをみると嘘のようだ。

しかし、この二人はヒズビの連中と実にうまくいっているようで驚いた。二人の人柄もあるだろうが、マンスールもサリムも大事な客人のように扱っているからだろう。時計も日本製の新品を買ってもらっていたし、ビタミンCの粉末を持っていたり、かなりわがままをさせてもらっているようだった。出発の時も、ナスラトラーは他の戦士が皆でてしまって、残った一人から「早くしろ」とせかされても、私に日本語のわかりにくい発音を聞こうとしてその場を離れない。あまり、せかされるので「わからないんだ！」とボールペンを床に投げつけた。最後に日本語にはRとLの発音の違いはないんだというと納得して、うなずきながら、私に笑顔を残して立ち去った。

彼らが立ち去ってからハビブやマザフからの客人エンジニア・ダウドが「なぜ、もっといろいろ質問をしなかった。ジャーナリストだろ」といわれる。私は「彼らが本当に考え思っていること、家庭のことなどは、決して戦士の前で明かさないと思うし、銃をつきつけられてなったイスラム教徒というのも本当のイスラム教徒とはいえない」と答える（後日、ヒズビの戦士がパンシールにきた時、聞いてみたら、捕虜でモスリムになることを拒否したソ連兵は殺してしまったと告白した）。

**この国の戦い**

この国の戦いの特徴は、結局のところ、イスラム教が戦争についての定義をしっかり持った宗教（ただ一般には、イスラムは好戦的と誤解されているが、イスラムは無益な殺生は動物を含めて禁じているし、（自らと宗教を守るために剣をとれという）聖戦も防衛であって、侵略はいけないとはっきりコーランに書かれている）であることとこの国の持つ歴史的な精神風土によるのではないだろうか。

過去に、英国と三度も戦い、ついには彼らを追いだしたし、その以前にもアレキサンダー、ジンギスカン、チムールと多くの侵略軍が、この地を占領しようと試みたが、皆、手痛い打撃を被っている。その動乱の歴史の中から、武器を男の誇りとする気概が生まれ、戦闘性の高い民族となったのだろう。十世紀にイスラムが伝わる以前から、彼らの間には日本の武士道に近いパクトンワリというものがあったし、兄弟や肉親が殺されると復讐（バタル）をする習慣があったという。

ソ連軍の侵攻は、それらの精神風土と、イスラムの聖戦意識を結びつけた。地理的にはジャングルもなく、隠れるところもないこの国でゲリラ戦は無理だといわれていながら、この小国が超大国を相手に世界が思ってもみなかった善戦をし、激しい対ソ戦を展開しているのだ。

大部分が山岳地帯で、戦車は奥まで侵入できないということもある。もともとの悪路だから、すこし工作をすれば簡単に戦車や車両は通行不能となる。ただ、ソ連軍は空からアフガンを押さえており、戦士たちは、空からの攻撃には依然無力である。

戦士側にも都市部と主要幹線を押さえる力はなく、それを脅かすにとどまっている。だからお互いに決定打をもたない膠着状態が続き、一進一退、何の進展も見られていない。

夕方、一人のチャパン（長そでコート）をまとった老人がカラルガの家にいたマスードの前にあらわれ、何やら大声でわめき始めた。なだめるマスード。困惑の表情の側近たち。その男はついには土下座してマスードに何ごとかを頼みこんでいる。「殺した」とか「銃」とか「死体」という言葉が聞こえてくる。マスードがとりあわなかったので、毒づき始め、側近たちが彼を表に連れだした。

その様子を庭から見ていた私に、マスードが「何の話だったかわかるか」と苦々しそうにいう。「わからない」と私がいうと、司令官のガドウが説明してくれる。それによると、彼の息子がマンスールに殺され行方不明だという。息子はヒズビの司令官でありながら、アーメルのマンスールに殺されたのだといい、マスードに死体を捜しだしてマンスールに復讐してくれと頼みこんでいたのだった。

同席していたショニオがいう。「ジャミアテの戦士三人が首を切り離され、胴体だけで発見されたこともある。彼らはロシア人を友人のように扱い、アフガンの戦士をかくも残酷に殺してしまうのだ」

確かに恐ろしい話で、あの風貌の彼らならやりかねないと思ってしまう。

**戦士志願者三百人を前に**

午後からマスードとプレソールのカラルガへジープで揺られて行く。ジープにはズィア、ハビブ、トウジュデン、サミ、ショウブデン、ダウドと戦士たちが体を押し合うようにして乗っていて、ショニオはまた外の予備タイヤの上。車が悪路でジャンプするたびに体をカエルがはねるように屈伸させている。彼やハビブはいつも車外で、すこし気の毒だが、敵が襲ってきた時に、すぐ反撃するために必要なのかもしれない。

ジープが急に止まった。ジープの行く手を一人の少年がさえぎったのだ。マスードは危うくひかれそうになった少年を怒鳴る。が、彼はその無茶をした少年を知っているようだった。すこし、ジープが先に行ってから、再び止めて、側近をその少年の所にいかせた。そこに、道ばたからチャドルの女と少女三人がゾロゾロでてくるではないか。その女たちは側近に泣きながら何か訴え始めた。

◀戦士志願の村人を前に、「イスラム教徒の統一」を訴えるマスード

私はまったく事情が飲みこめず、ズィアに聞いてみると、「ヒズビのジュマ・ハーンに、家の主人と息子五人が殺された」というのだ。ジュマ・ハーンとは以前、プレソールを支配していた司令官だ。殺された人たちはコミュニストでもないし、戦士でも、もちろん敵でもなかったというのに。マスードは彼女たちからの直訴状を受けとり、預かった。その手紙は、殺された家族の報復をマスードに訴えたものだった。この地ではこんな陰惨なことが起きていたのだろうか。

カラルガの家の前までくると、何とカラルガの前や周りには三百人以上の男たち――老人、若者、ルンギ（ターバン）の男、チャパンの男、パトウ（マント）の男たち――がずらりと並んでいる。すごい数だ。中には旧式のライフルを持って派手な弾帯をたすきがけにした白髪の老人も見える。ジープが、そちらに向かっていくと、人々が、ワーッととり囲む。しかし殺倒せず、数メートル手前でジープをジッと凝視している。その数百の熱い視線の中をマスードがおりていく。

そしてマスードの演説が始まった。するとすぐ、最前列で立って聞いていた若者が、両脇の男のチャパンを両手でつかんだまま、静かに倒れた。ロザ（断食）のため、わずかの食物も一滴の水も口にせず、暑さの中、マスードを何時間も待っていた。そして最前列で、マスードの話を聞き逃すまいと緊張していて倒れてしまったのだ。

マスードは咄嗟に「ロザだから、みな座って話を聞くように」と立って話を聞いていた人々に指示する。マスードの話が再び始まると、誰も物音一つたてず、ただマスードの少し甲高い声だけが、この山あいのカラルガの広場に響き渡る。カラルガの屋根の上にも何人もの戦士たちが警護に立っていたが、彼らもマスードの話を聞き逃すまいと腰をおとして聞き入っている。

「私たちは兄弟であるのだから、力を合わせなければならない。アンダローブではガドウ・ハーンと共に戦えるし、北のクンドゥスなどでも一緒になって統一に力を注がなければならない。アンダローブではパルチャミやソ連が、私たちをバラバラにするように工作してきた。ムジャヒデンの中には、銃を持って鼻を高くしてしまい、戦士の仲間に入らず、人の家に入って物を奪い、逆に敵になってしまう人々がいた。私たちが武器を持っているのは、自分の村、自分の国を守り、敵と戦うために持っているのだけれど、残念ながら一部の人々は、言葉は素晴らしいのだけれど、実際にやることは良くなかった。

私たちが武器を持っているのは人に見せるためではなく、神のために戦うためだ。以前は組織が不十分だったため、ある司令官は自分は統領で裁判官でもあると、食糧などを横領していたこともあったが、いまはアラーの名において、地区をカラルガに分け、良い司令官を任命している。一つの地区の中で、住民や長老が司令官を選び、司令官がその責任に応えるというふうにすれば、効果的な戦闘ができる」

ある年寄りが立ち上がる。

「私たちはいままで自分の意志ではなく、司令官の命令で無理やりこの組織に入れられていました。カラルガがあれば良いと前から望んでいました。いま、こうしてカラルガができました。アラーの名においてこの成功を祈っています」

他の老人も立ち上がっていう。

「私たちのできること、男から女まで、年寄りから若者まで、命を貴方に預けます。自分の国のため、文化・宗教のために、何でも必要なら差し上げます。以前に人々が戦わなかったのは悪い人々がいたせいで、いま、その状態が改善され、戦えるようになったのはアフーのお陰で感謝しています」

また別の男が立ち上がり、

「世界には、いろいろな人々、いろいろな国があり、いろいろな宗教もありますが、そこには聖なる書があり、聖なる預言者がいます。しかし、私たちの敵は、何も信じない人間です。私たちは貴方がたがここにくるのを歓迎します。私たちは前から正しい方向で敵と戦うことを望んでいました。戦いには、きちんとした司令官がいなければならず、下手な戦いには敗北しかありません。私たちの司令官はアンダロープの人でも、パンシールの人でもよいのです。この二つの地方の間には山が一つあるだけで、お互いに行き来しているのですから。この二つの力が一つの大きな力になることを願っています。

私たちに敵と戦う方法を教えて下さい。貴方たちが、私たちの財産、切りだした木材や飼っている家畜を盗んでいかないことは知っています。貴方たちの目的は、私たちを敵と正しく戦わせることだからです。いままで、私たちアンダロープの人々の間に、火が燃えていた。その火はお互いを理解できず、信じないという不信の炎だった。だが、その火を消したのが

貴方たちでした」

マスードが言う。

「誰にでも間違いはありますから、意見を述べてくれれば最上の結果になると思います」と前置きして話を続ける。

「無理やり、戦士に徴兵することも、そう命令することもできない。自分の意志で入るのでなければ、良い戦いもできない。明日から、三、四人でもよいから、監督官を募って、どんな地域からでも無理に戦士になることを強制することを許さないように。戦士になることを強制すれば、それは政府が人々を徴兵するのと同じことです。自分の意志で戦士を希望し、戦いを望む者、自分の地域を守るために戦う人が本当のムジャヒデン――イスラム自由戦士――です。将来の戦いは、私たち一人、二人で決めることではなく、貴方たちの判断で決めることです。ただ、自分のアイデアで、自分の考えで、自分の判断で決めることです。

ただ、自分たちの長を選ぶ時、部族の考えや、身近なんだからということで選ぶのは神かけてやめて下さい。あの人は他の部族だからとか××さんは自分たちのハーン（部族長）だったからとかです。本当に自分たちを守ってくれる人を選ばなければならないし、そうでないとあなたを守ること、リーダーシップをとることはできません。本当の平和をつくり、イスラムを守る人を選ばなくてはなりません。行政、経済、イスラムの税法、皆、イスラムの法どおりに、戦士は戦士のためにそれらを実行しなくてはなりません。

私たちが戦いを始めたのも、神のために戦うことが一番の目的でした。武器をとったのもアフガニスタンを自由にするため、そして民衆の役に立つイスラム国家をつくるためです。そして、それが神を満足させるのです。幾つかの地域では、ちゃんとした戦いができませんでした。というのは『神のために戦う』ということを忘れたため、神の怒りを買い負けたのです。

たとえば、その一つがアンダローブでした。お互いに殺し合い、イスラムの教えと反対のことをしていました。兄弟同士で殺し合って、聖戦の意味がなくなっていました。その一方がヒズビ、一方がジァミアテでした。これらのグループは、当初は、聖戦に純粋に立ち上がった人々を自らの派閥のために使っていました。なぜなら、自派に入れることばかり考えていたからです。その目的のため、戦士たちをあちこちに動かして使っていたのです。ソ連人は神を信じず、宗教がないと人々はいいますが、こういうふうにイスラムに反する行動をする人も、神を信じていないソ連人と変わりないと思うのです。大事な戦いを忘れて、力を無駄に使い、敵を利しているからです。

パルチャミたちもいろいろなスパイを送り、いまの分裂を喜んでいる。ある人々は自分の人間性をもお金で売り渡していた。そういう人々が統一に反対して、私たちの間に入って混乱させ、戦士の評判を落とそうとしている。それは政府やソ連が、武器の力だけでは、イスラムを信じる人、自由を愛する人々を負かすことができないとわかっているからです。

アフガンの人々はパルチャミやハルクの本当の姿が、いまわかったはずです。アフガンの人々は、何もなく貧しいけれど、自由のためにいつでも戦い、死ぬこともいとわない人々です。しかしここでは最底の人々がヒズビやジャミアテの名を名乗って聖戦を行わず、ここはもうすこしで政府のものとなるところでした。ソ連軍がここに攻めてきたら、そういう人々は武器を政府に渡し『あすこは誰々の家だ』『食糧はどこどこにある』と教えていたかも知れない。アラーに感謝すべだと思うのですが、敵の企みも失敗して、アンダローブは自由な地域となりました。

これで安心という訳ではなく、敵は以前の状態に戻そうとしているのですから気をつけなければならない。人間として、自分の責任でそうならないようにしなければ。以前のようになると、犠牲者もでて、前よりも多くの血が流れ、前よりも悪い結果になるかも知れません。

武器を持っているだけでは戦士ではない。本当の戦士は侵略者と戦い、イスラムの法律を守らない人々に反対し、悪いことをする人々に反対し、弱い者いじめする人々に反対し、世界の他の地域で侵略があったなら、それにも反対して戦わなければならない。もちろん、一番の目的はソ連軍と戦うこと。将来は貴方がたの手の中にある。自分だけが楽になることではなく、国民全部が楽になること、国が安全になることを考えなくてはならない。組織を考えなければ、民族全体を考えなければ成功はない。ただ一つの目的、正しい戦いのもとでは成功はあるが、バラバラでは成功はない。私たちが力を合わせて働くと神も助けてくれる」

「アラー・アクバル！」

「アラー・アクバル！」

（三百人の人々が一斉に叫ぶ）

「パンシールには、いろいろな考えがあり、様々な立場の人々がいて、数々の争いもありましたが、以前のことはすべて忘れて、幸い一つになり統一された強いグループをつくりあげました。その結果はアフガン中の人々が知っています。パンシールがソ連を破り続けているのは戦士が心を一つにしたからだと思います。政府とつながりのある人々は、バラバラにしようとしたけれど、人々は彼らの話に耳を傾けず、自分のところを解放することを選び、命をかけて戦った。金持ちも貧乏な人も、戦うところでは同じ兄弟となって戦い抜いたのは皆、知っていると思います。

最初、戦いを始めた時、七百丁の銃しかなかったけれど、いまではアンダローブだけでも一千丁以上の銃があります。三万人の敵と七百丁の銃をくらべてみて下さい。その勝利はパンシールの戦士だけの結果ではなく、アラーのお陰です。それは私たちの正しさの証明でもあります。神と人間の力が一緒になった結果です」

「ほかの考えやご意見があれば遠慮なくいって下さい」

一人がいう。

「我々は貴方の話を聞いてよくわかりました。何も反対することはありません」

「いいえ、絶対こわいことも遠慮することもありません。もし、何かありましたら、私は喜んで聞きますから話して下さい」

マスードの演説が終わると、何人もの老人が、マスードの話に感激して、前に進み出て、彼の手を腰をかがめながら両手で挟みこみ、「頑張って下さい」「よくきてくれました」と感激に声を詰まらせて話しかける。

ここに集まった三百人以上の男たちは、アンダローブ各地から、戦士になろうと集まってきた男たちなのだ。つぎはぎだらけのチャパンを着た男、裂けたゴム長靴を、靴下もなくそのまま履いた男、白いあごヒゲの老人、肩から弾帯を袈裟がけにして胸を張る老人、栄養不足のためか、やせきって一押しすれば、倒れそうな男、日に焼け、赤銅色に肌を輝かしたたくましい若者、マタハリックに入るんだというまだ幼さの残る少年、羊の脂の匂いをプンプンさせた羊飼いの男、裂けた衣服を乱暴に白糸で縫いつけた男……。そんな男たちが山あいから峡谷から、三百人以上もマスードの前に集まってきている。

トウジュデンや地区司令官、戦士たち、そしてマスードはこの様々な格好をした男たちを整理するのに大わらわだ。とにかく彼らは規律のとれた行動を一切経験したことがないのだから。寂しい山あいの村で、自分一人の気ままな生活を家畜を友に送ってきた男たちだ。マスードが地区ごとに集まって整列するようにいい、自ら先頭にたって、右往左往する男たちを動かしていく。私はすこし離れた小山の上にのぼり、その光景に見入る。

マスードは昨夜からの徹夜に近い話し合いの疲れもみせず、その人波の中で懸命に動き回っている。ノートを片手に持ち、時折、人の名前を点呼しながら、こちらの男たち、あちらの地区の男たちと区分けしつつ、その間を縫うように歩くマスード。望遠レンズで、その彼に焦点を合わす。そのファインダーに写る彼の顔には、その混乱を秩序に換えようと必死の表情が浮かんでいる。彼の一声、一声で、この人波が、いくらかの混乱をともないながらも、

◀戦士の報告に聞きいる。アンダローブのカラルガで。

あちこちに動いていく。

私はピントを合わせながら思う。マスードの十一年にわたる戦いを。カブールとパンシールの蜂起が失敗して、山中を人々の支援もなくさ迷ったこと、警察に追われパキスタンに逃れていったこと、最良の友ハビブ・ラハマンを失ったこと……。当時は何人かの若者しかついてこなかった彼の理想のイスラム共和国をつくるための戦い。それがいま、パンシールを統一し、アンダローブを統一し、カピサ、パラワンをまとめ上げ、彼の革命は聖戦の輪となってアフガン全土に広がっている。

いま、この瞬間にも、山奥から、農村から、何の変哲もないごく一般の人々が、マスードに会いたい、彼の話を聞きたい、彼のもとで聖戦に加わりたいと集まってきているのだ。ごく普通の人々を巻きこんだ時、その革命は成功だと私は思ってきた。マスードが人波に埋まった姿を見て、彼の革命は中ば、成功しつつあるのかも知れないと思った。

## メマン（客人）の席で

マスードと私たち一行は連日のように各地の人々からメルマスティ（もてなし）を受け、メマン（客人）として家々に招かれた。金持ちの招きもあれば、貧しい人々の招きもあった。このもてなしはこの国の美徳の一つで、どんな貧しい家庭でも、メマンには最大限のもてなしをする。アンダローブでは有力者ばかりでなく、一行が入りきれないような小さな家の人もマスードを歓迎して、金持ちに負けないご馳走をふるまってくれた。この日の招きもそんな小さな家からで、私たちは二部屋に分かれなければならなかった。

◀ソ連軍が撤退時に残した地雷で両眼を負傷した農民

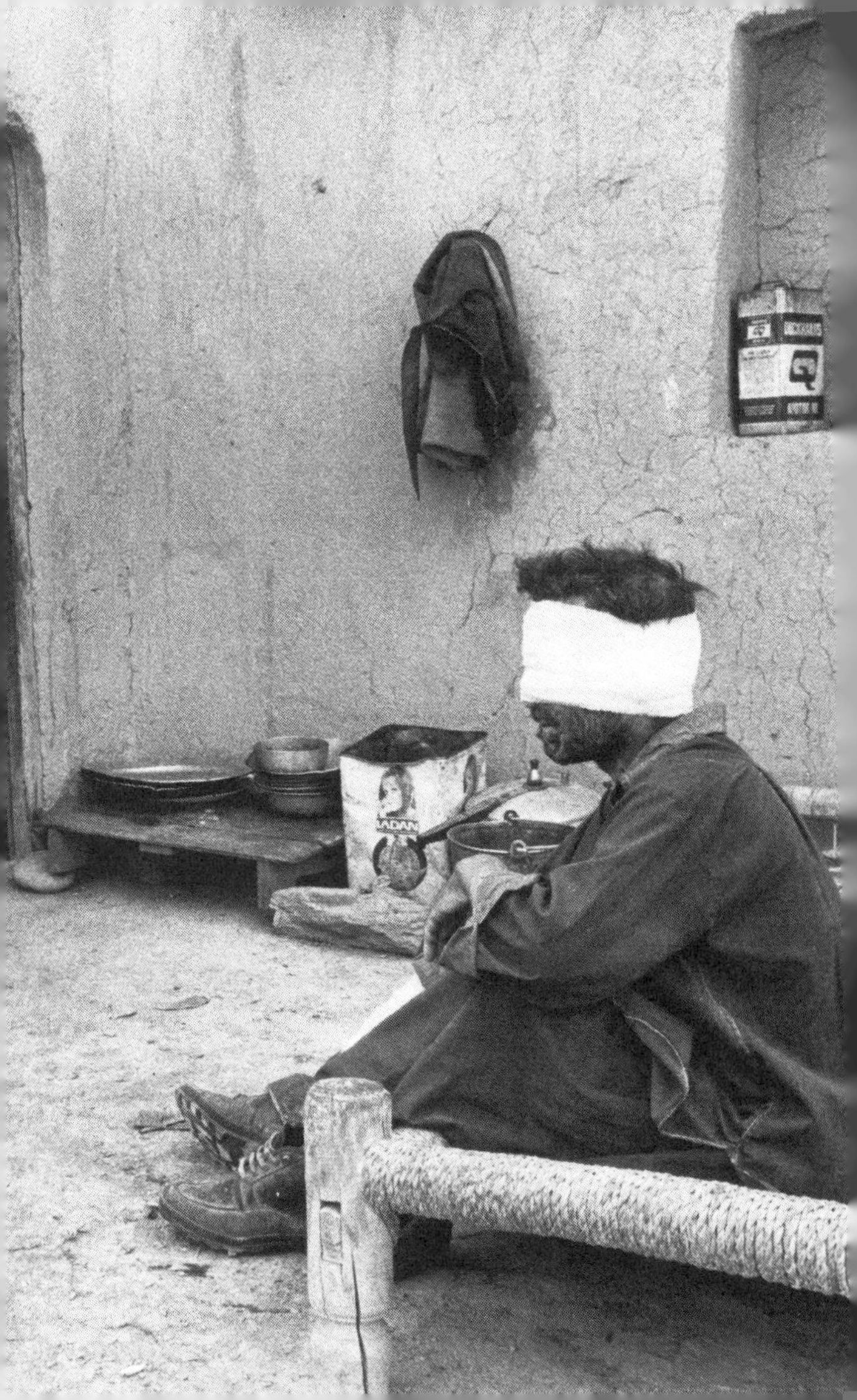

マスードの前にはパラオ、肉じゃが煮、ヨーグルトの他に鶏がまるごと出される。鶏は贅沢品で、滅多に普通の人々は口にしない物だが、今夜はこの家にとっても記念すべき口なのだろう。マスードは出された鶏を、幾つにもちぎって、他の戦士たちに分ける。食事が終わりチャイ（茶）がでる。チャイ・シィアとチャイ・サウス。紅茶と緑茶、二種のポットが砂糖がわりのキャンデーと一緒にだされる。その席で、マスードが日本の歌を聞きたいといいだす。歌には自信のない私だが、他の戦士も強く希望するので、赤面しながら、高校の校歌を歌う。音程が多少ずれてもおかしくは響かない類の歌だ。

歌い終わって、周りをみると、皆、異国の歌に聞き惚れた（？）のか、黙っている。窓からは、部屋に入りきれなかったサーレとマタハリックのマドガウスがこっちをじっと見ている。マスードが「素晴らしい。いや、本当に良かった」と言ってくれたのでホッとする。

それから私は歌詞を下手なペルシャ語で解説した。狭い部屋で、音響効果もよく、訳詩もうまくいったので戦士たちの反応もよかったようで、何となく義務——何か日本及び日本人を代表してしまったような錯覚——を無事果たしたようで、安心する。

マスードはお返しにと、青年戦士カリルに詩を吟じさせる。

春はきたけど、花壇や花園には
匂いもないし、美しさもありません
前には聞かれた美しい鳥たちの

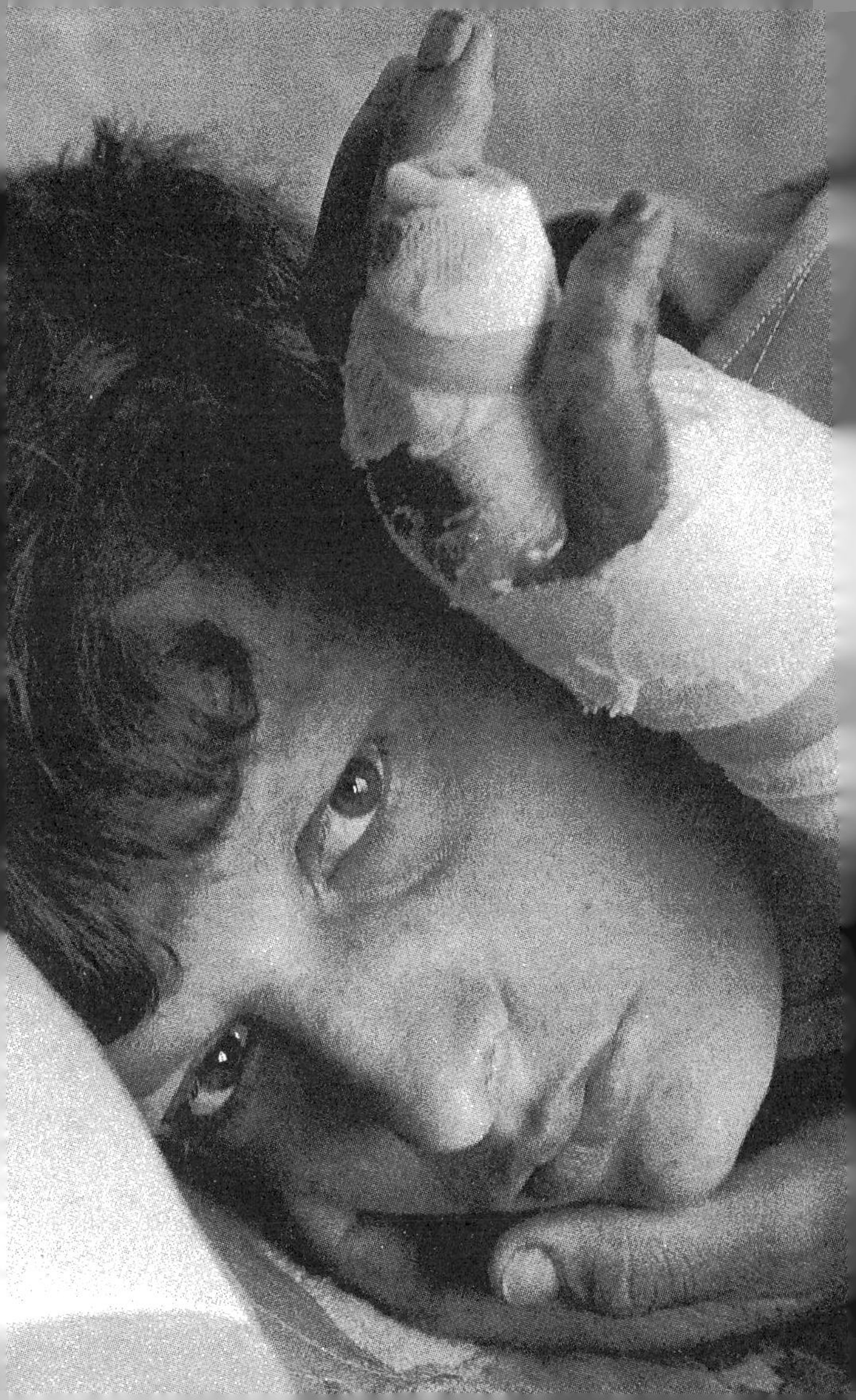

さえずりも、もう聞こえません
私にはその美しさ、にぎやかさが
どこに行ったのかわかりません
水仙が私の目を酔わせることもありません
小鳥たちの恋人であった花ももうありません
きれいな野生の花が咲いていた砂漠にも、もう花はありません
背が高く伸びていた松の木は腰のあたりから折れ
湖から流れていた清らかな美しい水もありません
ソ連の残酷な爆撃で、モスクの傍らに座り思索にふけっていた人の姿もありません
秀麗な柳の涼しい影の下にも
水の流れの音はありません
祝いの盃にお酒を入れることももうありません

私は、この世を創ったものがなぜ
このような色を選んだのかわかりません
砂漠も赤く、山も赤く、部屋の中も
そして道路の上までも赤い
犠牲になる人の血で、着ている服まで赤くなっている

そして、顔を血まみれにして真っ赤になって死んでいる人……
この色をなぜ選んだのかわかりません
土だけでなく、咲いていた野生のチューリップの花の赤ではなく
人間の血の色で赤くなっている砂漠
そして夕方の太陽の赤よりも真っ赤に染まっている空
私はなぜこの色を選んだのかわかりません
春のうれしさが悲しみになって
私の悲しみが死になって
そして花壇や花があるところ
すべての美しいところは真っ赤になった

マスードが愛する青年戦士カリル・ラハマンの詩は、あまりにも暗く悲しいものだった。それに聞きいる戦士たちの顔からは、いつもの勇壮さが消えて、悲しみの表情だけが残っていた。

## パンシールへ帰る

三週間にわたったアンダローブの旅、マスードの組織化の旅は終わりを告げた。我々はパンシールへ向う。雪渓から清水が流れ、大きな枝をひろげたチャルマ（クルミ）の木の下で体を休め、緑の葉が茂るアングール（ぶどう）の枝の下で、お茶を楽しめるパンシールへ帰

ることができるのだ。マザリからの客人のエンジニア・ダウドたち三人も加わって、一行はパンシールを目指す。

途中で、様々な人々がマスードにあいさつしてくる。そんな中で、一人の男がマスードを見ると馬から飛びおりて、彼の前に駆け寄り、マスードの手をとってキスをしようとした。するとマスードはその手をさっと払いのけてしまった。機嫌が悪かったのだろうかと思ったが、違った。それが王侯、貴族に対するあいさつの仕方だったのでマスードは怒ったのだ。

今回はアンダローブの人々が馬を用意してくれたので、マスードやズィア、トウジュデンと馬をお互いにぶつけ、ブズカシの真似をしながら、ヒンズークシの山のふもとまで行く。そして、山麓の牧畜民のテントに泊めてもらい、そこで食事もいただく。アンダローブでの仕事をみな終えて、気が楽になったのか、マスードの質問がまた始まる。

「東京の大きさは、人口は」

「都市の労働者の勤務時間は」

「税制は、遺産の相続は」

「どんな政党があるのか」

「日本のタンカーは大きいと聞いたが」

と次から次へと彼の興味は尽きない。反対にマスードに聞いてみる。

「どこを一番愛しているか」

「カブール」

そう答えたあとで、カブールを思いだしたのか、しばらく遠くを見るような目をしていた。「カブールのどの場所」とさらに聞く私に、彼は一つ一つゆっくり、その記憶を瞳の奥に思い描くように答えていく。「カブール大学の校庭、オールド・バザールとその雑踏、美しい花の咲き乱れるゴルゴンディ（天国）公園、パラワン・ミーナ（住宅地、パラワン地方からの人々が多く住む）の住宅街の町並みの静けさ……」

マスードが私にいう。

「今度はいつ、パンシールにくる」

「ソ連がアフガニスタンから撤退する前に、その情報を摑んで、再びパンシールにくる。そして、ここからあなたやパンシールの戦士たちとカブールに入城するのだ」

私の話を聞いたマスードの顔から思わず微笑がもれる。彼は聞き返す。「何時になると思う、それは」。私が「二、三年」と答えると、マスードは首を軽くふりながら、自分自身にいい聞かせるようにゆっくりと力強く「五年。五年はかかるだろう」という。

マスードが青春時代を送り、そのすべてを愛するカブール。マスードだけでなく、多くの若い戦士たちの心はカブールにある。国を解放し、思い出多い青春の地カブールに入城すること。それがマスードのロマンであり夢であるに違いない。彼がカブールを思いだす横顔を見ながらそう思った。

翌日午前二時に起床。まだ雪が堅いうちに峰を越えようと、冷え切った夜のとばりの中を、パンシールに向けて出発する。アンダローブにはアモンが残り、サミが残った。彼らはベッサローとプレソールで、おのおのアンダローブのマタハリックの訓練にあたることになっていた。昨日、アンダローブを去るジープの中から、汗を流しながら、必死に隊員を指導するアモンを見た。彼らが自らの夢をかけるマスード。そのマスードの夢をかなえるために、彼ら一人一人が手足となってアフガンの各地に散らばっていく。

# 第五章　統一戦線へ

奮闘努力する者は
己れの魂のために
努力するのだ
なぜならアラーは
すべての創造物からの
何をも必要とせぬ

（聖コーラン第二十九章六節）

## 帰郷

マスードたちは朝三時から一滴の水も食物も口にせず山を越えパンシールに入った。ポーランデに着くと、マスードはロザ（断食）をとっていない私とマザリの客人に「前に泊まったアブドラーの家に行って食事しろ」といい残しバザラックに向かった。

アブドラーの家に着くと、私たちより先に到着していたカリルとショニオが休んでいた。「アーメルは」というので「先に行った」というと、マスードがここで休憩するとばかり思っていた彼らは、あわてて靴を履き、銃をつかんで飛びだして行った。

アブドラーの家で、油で揚げたナンと牛乳入りの紅茶をご馳走になる。食べ終わるとマザリのダウドが日本の食物と食事について聞いてくる。私は「焼き魚、野菜いため、ラーメン、カレーライス、焼き肉……。日本では、毎日メニューが変わる」といい、つい、「ここではパラオとショロオだけで他にないけどね」といってしまう。すると横で話を聞いていたアブドラーの家の少年が血相をかえて「パンシールは戦争をしてるから、カブールから食糧が届かない。それでメニューが少ないだけだ」と口から泡を飛ばしながらいう。

「日本はアフガニスタンに何をしている。何の援助もないじゃないか」

「難民にはしてるよ」

「戦士には何もしてないじゃないか」

私は反論することを止めて、黙るしかなかった。この少年のひたむきなまでに故郷を愛する心に反論は無意味だと思えたからだ。

ジャンガラックの手前にあるパンシール川が大きく迂回してできた入り江は静かで、さざ波一つたっていない。これがアフガン有数の激戦区とはとても思えないほどの静けさだ。パンシールを囲むそそり立つ荒山。その茶褐色の峡谷の中に点在する村だけがわずかの緑につつまれている。

だが、村々の土壁と石で囲いこまれた庭園の中は、外の荒涼とした世界とはうってかわって、生命があふれている。セーブ（りんご）、ギラス（さくらんぼ）、トート（桑の実）などが、美しい花々（ゴル）と一緒に実り、二カ月前には、けしつぶのようだったアングール（ぶどう）の房も、十センチ以上に膨らんで、あと半月もすれば、素晴らしい実になるだろう。手にとるとその果液があふれでて、手が真っ赤に染まるショー・トート（赤い桑の実）や口の中で酸味のひろがるオルボルー（さくらんぼの一種）なども夏を待ちかねていたようにたわわな実をつけている。それらの木々の間を、チェルチャク（セミ）がパンシールの短い夏を惜しむかのように、そして自らの短い命を精いっぱい燃焼させるかのように鳴きながら、飛び回る。

**ソ連兵ニコライ**

ジャンガラックの家に帰ってみると、何と家にソ連軍の捕虜がいた。金髪で青い目、小柄で華奢な感じの青年でとても兵士には見えない。それにまだ十九歳だという。きたばかりで自分がどうなるのかわからないのでおびえている。

マスードたちが戻って夕方の礼拝が始まると、彼は休んでいた私のベッドからはね起きて、戦士たちの方に急いで歩いていく。何をするのかと後ろから彼の様子を見ていると、彼は横一列になって礼拝を始めている戦士たちの左端に並び、横の戦士たちの動きを真似ながら、礼拝を始めたではないか。

◀ソ連兵捕虜ニコライ。戦士たちのやさしさに恐怖心は消えていった。後ろはダウド。

イスラム教徒にならねば殺されると思ったのか（ここパンシールでは決してそんなことはないが）、礼拝の仕方を真似ようと必死だ。おどおどした彼の様子を見ることに、私は耐え切れなくなった。要領がわからずオロオロする彼。〃助かりたい〃一心なんだろうと思うと彼が憐れでならなかった。「助かって国に帰りたい」「家族に会いたい」という思いが彼にそうさせているに違いない。

このショラウィー（ロシア人）、ニコライは戦士たちのやさしい物腰に安心したのか、一日たつとおびえなくなり、明るくなった。タバコを指にはさんで喫う真似をして私にタバコをねだったり、私のあとをぶらぶらついてくる。同じ外国人で安心できるのだろうか。私が裏庭のセーブ（りんご）をとってきてあげると、またあとで一人でとりにでかけたようだ。

戦士たちも自由にさせている。逃げたとしても、地理も言葉もわからず、金髪と青い目ではすぐソ連兵とわかってしまう。私がザックの中から、ジィフィーズ（乾燥食品）の〃松茸御飯〃を取り出し、作ろうとすると、「乾燥食品は私も知ってる」と手ぶりで示し、それに入れる湯を沸かすのを手伝うといい、彼は燃やす小枝を集めてきてくれる。夜、食事前にそれを分けてあげると「おいしい、おいしい」といって私から占領したベッドの上で喜んで食べていた。

だが、私が一番驚いたのは、彼に対する戦士たちの態度だった。彼が手を差しだすと、皆、微笑んで「サラーム・アレイコム（こんにちは）」というし、大抵の兵士はさらに二言、三言話しかける。彼に敵意を露骨にぶつけることはない。彼が最初に覚えたファルシーの単語は「ヌロゴ」だ。料理番で、彼にきちんと食事を作り、いろいろ親切にしてくれるヌロゴの名を最初に覚えたのだ。私が考えていた、戦士たちのロシア人への憎悪は見られない。戦士たちがソ連兵を捕まえると憎しみのあまり、鼻をそいだりするというのを聞いていた私には、驚きだった。

戦争が始まって四年がたったいま、マスードの政治教育が戦士の間に浸透したのだろう。銃を持って戦うソ連兵とは敵意をもって戦うが、ひとたび、捕まえてしまうと、一人の人間として接しようとしているようだ。中には私に「奴はショラウィーだから、奴とは一緒に飯を食うな」と耳うちする戦士もいたが、ごく少数だった。

ロシア語のできるマザリのダウドが彼と話していると、皆、その傍らに座って、ダウドがペルシャ語に訳すのを待っている。そして、それにうなずいては、またダウドを通じて質問するといった具合だ。ニコライのあどけなさが好印象を与えているせいもあるだろう。そんな様子を見て、私が戦士に「君の親友（ドスト）だね」とひやかすと「とんでもない、敵だよ」とはいうものの表情はきつくない。さすがに、足を失ったポーランデの司令官アブドラ・ワイドは、彼にあいさつしただけで、ダウドとニコライたちの話の輪の中には入っていかなかった。

ダウドを通じて、この十九歳のニコライのことを聞いてみる。彼はタジク共和国のドゥシャンベ（ペルシャ語で火曜の意）の出身で、妻と二人の子がいる。父はタジク人で、祖父はモスリムだったという。基地のそばで、他の三人の仲間とトートの実を食べていた時、戦士に襲撃され、撃ち合いで二人が殺され、彼ともう一人は降伏した。

彼らは将校に「アフガニスタンにアメリカ兵、中国兵がきて攪乱している。それを阻止するため出兵する」と言われてきたが、そんな兵士はいなくて、戦いの相手はアフガン人、攻撃対象は普通の民家と民間人で変だとは思っていたらしい。

家族は彼がバグラム基地にいたのも知らない。手紙は検閲されており、また勤務地を書くことは禁じられているからだ。だから家族は彼がアフガニスタンにいるのさえ知らないという。もし、兵士がアフガニスタンで戦死しても、家族には、「息子さんは車の転落事故で死亡しました」という手紙が一本いくだけらしい。兵士たちは厭戦的になり、ハッシシ（大麻）を喫う者が多い。給料も四百五十アフガニーと薄給だ。

ニコライは十五歳の時、同級生の女の子とつき合うようになり、親が知らない間に交際は進み、映画を一緒に見たり、公園を肩を組んで歩くようになった。そして最後には子どもまでできてしまい、それで親も仕方なく結婚を認めたという。子どもは二人、一人は赤ん坊、一人は歩き始めたばかりだというが、彼の味噌っ歯のあどけない表情はとても二児のパパとは思えない。

彼が捕まり、生きているということは、ソ連当局も知らないだろうから、彼の妻のもとにはもう戦死公報が届いているのかも知れない。ソ連では、捕虜は生きて帰っても監獄や労働キャンプが待っていると彼はいう。

ジュネーブの平和交渉の場で、捕虜返還の話があったが、彼らは皆、ソ連への帰国を拒んだ。なぜなら、記者会見などにでたことも反ソ行為とみなされるし、もしその場で反ソ的なことをいおうものなら極刑もありうるからだと西側の新聞の一つは伝えている。これらが事実なら、ニコライが無事、故国に帰りつくことができたとしても、彼と同い年の妻との家庭は崩壊してしまう、いや、すでにしてしまっているのかも知れない。

妻のこと、子どものことを考えるのか、ニコライは昼間からベッドに横になってじっと宙を見ている。そして、毛布を頭の上まで引っぱり上げてじっとしている。寝ているのではないけれど、考えることに耐えきれなくなって、寝ようと努めているのだろう。

ダウドが彼に、戦士側がソ連兵用に製作したロシア語の〝聖戦について〟という本を与える。ニコライはその本を読んで時間をつぶしている。彼はまたヌロゴにマスードはどの人かと尋ねたという。ソ連兵の間でもマスードは有名なのだ。ヌロゴは片手を高くかかげ「すごく背が大きく」、肩を張ってみせ「肩幅がすごくあって」、あごの下のヒゲをなでて「毛むくじゃらだ」といちいち演じて見せる。あまりおかしくて吹きだしてしまう。

人々のアーメルに対する態度をみれば、誰がそうかすぐわかり、ヌロゴの人物像とはまったく違うことに気付くだろう。戦士や人々が優しいので、明るくなっていったニコライだが、ある朝、起きて一緒に朝食をとろうとしたら、彼はもういなかった。昨夜のうちにここをでて、他の三人のソ連兵と同じ所に集められたらしい。もっと聞きたいことがあったし、せっかく親しくなりかけていたのにと思う。しかし、同じソ連兵たちといた方が気が休まるかも知れないと思い直した。

## マザリ・シャリフのダウド

ダウドたちが、司令官のモスリムのところで爆破作業の講習を受けるというので付いていった。地雷の信管や爆破リモコン装置を使って実際に操作してみせる。モスリムの茶色のビニール・カバーのノートには、爆破工作の要領がファルシー語と図解入りで、びっしり書きこまれている。マザリの二人はそれらの説明を聞きながら懸命にノートをとっている。

講習が終わり、マザリのダウドと家まで、話しながら帰る。「どうして女性にチャドルを着せるのか。ダウドがいい馬をもっていれば、人に見せびらかしたいように、美人の妻を見せて、他人が誉めたら気分がいいだろう」と聞くと「それとは別だ。他人に見せるのは良くない。チャドルがいい」という。「イスラムには九九パーセント、離婚がない」というので「どうしてか」と聞けば、「妻の方は離婚を申し立てられないから」と答え、さらに「妻は処女でなければならないし、もし浮気したら殺す」とさえいう。

本来のイスラムには女性からの離婚の申し立ても認められているし、女性がチャドルをかぶる必要もない。ただ、顔と手首から先は見せてもよいが、他の部分すべてと髪の毛は隠さなければいけないとある。アフガニスタンの農村では、女は自分の意思で結婚できないし、結婚後も、人格のない物のように扱われる。男たちは、女は「宝物」であって、人目に触れさせて、他人に盗む気を起こさせてはいけないと思っているようだ。女は小刀をもってその純潔を守るという。アフガニスタンでは、イスラムに従ってというより封建的な習慣としてこれらのことが存続しているのだ。

ジャンガラックの家に戻ると、家の先のトートの木の下で、女や子どもたちが、落ちたトートの実を拾い集めるのに精をだしている。トートは使い道の多い木の実である。ラマダンの時はその水分で喉をうるおし、乾燥してもおやつとして食べられるし、すりつぶして固めると栄養分のある携帯食となる。トートを固めたタルハーンというのは、茶色で石のように堅くなる。石でくだいて、小粒にして口に入れて唾液ですこし軟かくしてから噛む。

ダウドが面白い話をしてくれる。戦士たちは戦闘中、タルハーンをよく食べる。その様子を双眼鏡で見ていたソ連兵が「我々はやっぱりこんな人種とは戦えない。奴らは口に入るものは何でも食べてしまうんだから」といったという。きっと、石でタルハーンをくだいているところを目撃して、石を食べていると思ったのだろう。ただでさえ、山の中を飛ぶように移動していく戦士たちが脅威なのに、石を食べるシーンを見てはなおさらだろう。

## マスードへの期待

バザラックでサーレに会った。彼の横には新聞紙をたくさんかかえた戦士がいる。彼にその新聞をみせてもらうと、新聞にはイランのホメイニ師の写真や、ホメイニ師の肖像画を持って行進する人々の写真が大きく使われていた。その戦士が四年前、イスラム革命期のイランにいた時、そこで入手したものらしい。サーレが聞いてくる。

「ホメイニはシーア派、我々はスンニー派だ。どちらが良いと思うか」

「″ムハンマドの他に預言者なし″のスンニーが良い。イランはホメイニ始め五人の大アヤトラ（高級聖職者。自らの宗教解釈をして人々を指導することのできる人をアヤトラという）が預言者に近い存在となり、偶像崇拝が進んでいる。神との間に仲介者を持たないスンニーが好きだ」（スンニー派は一般の信者の他には、ムラーとその上のマウラウィー〈イスラム僧〉しか持たず、また彼らも別の仕事で生計を立てていて、礼拝時に導師〈イマーム、またはエモム〉を務めたり、金曜の礼拝前のフトバ〈説法〉を行うだけだ）。続けて私がいう。

「しかし、スンニーのアフガニスタンには、そのかわり、イランのような強力な指導者が生まれにくい。これはソ連と共産主義者を相手に戦う時は好ましくない。国論を一つにまとめる指導者が必要だ」

「マスードが近いうちに、その強力な指導者になる」

「彼は英雄だが、パンシールの付近しか影響力がないし、第一、政治があまり好きではないだろう」

「そんなことはない。政治は好きだ」

「パキスタンにラバニ議長がいるではないか」

「彼はパキスタンにいる。アフガニスタンにいるマスードが力を発揮して、アフガン反政府勢力を統一する」

彼の発言には、戦士の希望と期待が入り混じっていることはいなめないが、今のアフガニスタンを見渡す時、指導者になれる可能性をもっているのは、戦士たちがいうようにマスード一人しかいないかも知れないと私も思う。

若い司令官のモスリムが杖をついてやってきた。足を捻挫してしまったという。彼にサーレの話を持ちだすと、「マスードが望んでいなくても、人々はマスードを指導者に望んでいる。彼にはその資格と資質が十分ある。他のリーダーたちは、パキスタンの安全な所にいて戦っていないし、人気がない」という。

マスード自身は「解放が終われば、ラバニ氏でも、あるいは他の人でも良いが、能力のある良いイスラム教徒に、（国民が彼を望めばだが）アフガンの政治指導者になって欲しい」と述べているし、彼自身は政治の領域に入るつもりはないことをはっきり述べている。周りの戦士たちが彼に寄せる期待は大きいが、彼は「解放後は、中途で終わった学生生活に戻り、勉強を続けたい」と私に語っている。

マスードの片腕ともいえるアヤトラ・ハーンはいう。

「彼がサルカルダ（国の指導者）になる確率は五割から六割。パキスタンに避難している政治指導者たちは、生命の危険を冒さず、妻たちといい食事をして立派な家を持っている。マスードをサルカルダにという声は特に北部――クンドゥス、タホール、サマンガン、マザリ・シャリフなど――に強い。国民の九〇パーセントはマスードを知っているし、彼以外にリーダーの資質をそなえた人間は少ない」

マスードがムラー（村の一つ）にメマン（ゲスト）で行ってしまったので、ここに残ったビスミラー、バシール、マザリの客人三人、ハビブなどと手分けしてザルドルー（すもも）、トート（桑の実）などを取りにいく。私はダウドとザルドルーの木に登り、実を摘む。ロザ・エフタール（一日のロザ明けの食事）のご馳走は他にボドラン（瓜）、タルブース（西瓜)、コルチャ(ビスケット)などだ。戦士たちが集められる精いっぱいの、そして季節の果実という最高のご馳走である。

夜のVOAは、カブール空港で、ロケット弾を交えた激しい戦闘が行われ、戦士によりヘリ二機が破壊され、大型旅客機一機が損害を受け、またその際、ソ連軍兵士四十人が死傷したと報じる。

**新たなソ連兵**

朝、起きてみると、また新しいソ連兵がきていた。アフガン人の服を着て、頭を坊主刈りにしたまだ幼い感じの若者だ。聞いてみるとウラル出身で十九歳だという。恐怖心で表情がこわばっている。

彼はビスケットを食べお茶を飲むと、ベッドに横になる。庭にあった軍服はほころび、裂目を、色違いの糸で、目を荒く縫いつけたもので、えり首は汗とアカで汚れ切っている。履いていたブーツは、これ以上は履けないと思えるほど傷んでいる。はがれそうになった靴底を太い釘で打ちつけてあり、しかもその釘が底を突き抜けて靴底からはみ出ている。

彼に国に帰ったらどうなるのかと聞いてみる。彼はだまって両手の指を交互に組み合わせ、格子をつくった。監獄に入るという意味のようだ。彼は手紙はもちろん、家族からの手紙もすべて検閲されていることも知っていた。午後、パンシールのナンバー2のドクター・アブドライが家にきて、ダウドを通訳にして尋問を始める。サラン峠で水を飲んでいて捕えられたというこの少年はおびえたままだ。アブドライが「我々は貴方の友人で、決して殺したりしない。友人としてとり扱うから」とダウドに伝えさせると、すこし表情が柔らいだが、まだ半信半疑のようだった。

アブドライがサランの兵力や生活の質問をしたが、あまり知らないようで、言葉少なだ。ポケットからりんごの実をとりだして緊張を柔らげるためか、手のひらで弄んでいる。この兵士も数日すると去っていった。アブドライは彼らを捕虜交換に使いたいと言っていた。

## ソ連軍の待ち伏せ攻撃

バザラックにモスリムとでてみると、大勢の人々がいる。そのルンギ（ターバン）とすり切れた衣服の格好から長旅をしてきたバタフシャニ（アフガン北東部のバタフシャン省の人）とわかる。皆、あわてふためきながら、こちらに向かってくる。話を聞いてみると、バグラム空軍基地の手前で、ソ連側のアンブッシュ（待ち伏せ攻撃）があり、このバタフシャンからのグループは、多くの馬と荷を残したまま、逃げ戻ってきたという。そして、このままバタフシャンに帰るらしい。

チャイ・ハナ（茶屋）には、足に弾丸を受けた戦士がいた。バタフシャンの連中は、バグラムの手前まできた時（夜の十時頃）、突然、待ち伏せていたソ連兵がドゥシカやカラコフで撃ちこんできたため、人々は前へ後ろへの大混乱となり、馬をおいたまま逃げだしてきたらしい。彼は「私も足にカラコフの弾丸をうけた。我々は三十人近いシャヒード（殉教者）をだした」という。

ゲリラ戦士はアンブッシュするのは得意だが、反対にされるのは弱いらしい。統率を乱し、ただバラバラに逃げだすのが関の山だ。またパキスタンに行く場合は普通、武器を置いていくので尚更、混乱は大きくなるだろう。大事な部隊だと、通過地域の戦士が、その勢力範囲はエスコートしてくれるのだが、バグラムの場合はエスコートなしに自分たちだけで進む場所だった。しかし、今まで、ソ連がどうして、このルートを攻撃しなかったのか不思議なくらいだった。このアンブッシュは、ソ連側の戦術見直しの一つの結果であろう。四年日にして初めて、自分たちの無駄に気付いたということか。

**ある司令官の本音**

マスードの所には、ガズニ、カブール、シャモリー、ゴルバン、サマンガン、マザリと様々な地域から、様々な人々が、彼の助言と援助、彼との連携を求めてやってくる。

まさにパンシールはゲリラとゲリラ、イスラムとイスラム、アフガニスタンとアフガン人を結ぶ接点であり、〝聖域〟であることを実感する。

私の前に、マスードの配下の一人の司令官があらわれた。以前、日本人を演じて見せたアヤトラ・ハーンだ。彼は私を庭に呼びだし、「休暇をとりたい。とにかく疲れた」という。「ロザをとりながら昨日からずっと歩きっぱなしでここまできた。ここ数日、話しづめで寝ていない」と疲れ切った表情でいう。彼は私に問いかける。

「行くとしたら、日本とヨーロッパ、どっちが良いと思うか」

「気分転換には、日本がいいだろう」

「私はいつまで生きているかわからない。ソ連との戦い、ヒズビとの対立……」

「アンダローブでは統一がうまいことといったよ」

「問題はシャモリー、サランだ。一番、大事なのはそこだ。カブールのすぐそばで、要衝サランはカルマルにとってソ連とつながる唯一の大動脈だ。ここを我々に統一され、支配力を失えば、彼らの命とりになるだろう。統一を妨げるため、あらゆる妨害を試みている。当初はソ連軍がきたということで、人々は銃をとって戦ったが、数年が過ぎたいま、必要なのは戦略と統一だ。これがなければ、人々は疲れ切って、抵抗を続けることはできないだろう」

「それを今、マスードが試みているではないか」

「が、それには何年かかるかわからない。それまで、私が生きていけるかどうかわからない」

「統一なしには戦えないというのか。十年でも二十年でも戦うと戦士側はいっているではないか」

「それは嘘だ。統一が達成されなければ、戦いは止んでしまうだろう」

「パンシールは統一されており、抵抗を続けるだろう」

「周りの地域が抵抗をやめたら、包囲されて抵抗は難しくなるだろうし、周りがやめたのに、いつまで戦っているのだというムードになるだろう」

　彼の部隊は十日前にサランで、六台の戦車、十台のトラックを破壊し、六十人のソ連兵を殺したという。それらの戦闘の激しさに加えて、対立グループのヒズビ・イスラミが、人々の支持が集まり、組織も成長する一方のジァミアテに焦りを感じており、要人の殺害、通路の妨害、要衝への攻撃などのあらゆる妨害工作を行っているという。ソ連軍との戦いに加えて対立グループとの抗争、この二つに彼は疲れ切っているようだった。

ヒズビとの抗争で人々が意味もなく死んでいく（イスラム同士の殺し合いで死んでも、シャヒードにはなれない）ことで、人々が疲れてしまうというのは事実だろう。そして、人々の疲れる前に、オルガナイザーとしての彼自身が疲れてしまったのだ。

人々はジャーナリストにポジティブな面ばかり語りたがるが、彼から、この〝聖戦〟の隠れたネガティブの面を見せられた思いだ。

この戦争は簡単にいえば、ソ連と戦士たちの根くらべであり、どちらが先に音をあげるかの戦いであろう。ソ連側も、国際世論からの孤立、兵士の志気の低下、イスラム諸国の反感、増大する戦費などの問題をかかえている。そういえば、以前にサーレと話していた時、「いつまで戦うことができるか」と聞くと、彼は「他地域が戦わなくなっても、パンシールだけは戦う」といっていた。戦士たちはおくびにもださないが、このまま、内部抗争を続けていくと、聖戦を継続できなくなると内心、考えているのかも知れない。ズィアに「十年でも二十年でもほんとうに戦えるのか。統一なしには難しいし、人々が疲れるだろう」というと、彼は黙ってうなずいた。

## ハザラ・グループの訪問

ハザラは日本人と同じモンゴロイド系の民族で、この国の人口の二〇パーセント強を占める。中央高地を中心に分布しており、そのハザラジャード（ハザラの地）には、シルクロードの話には欠かせないバーミアンの仏教遺跡や世界で最も美しい湖の一つ、バンデ・アミールがある。

しかし概して土地は貧しく、作物もやっと生活に足るだけで、苦しい生活を余儀なくされてきた。カブールへの出稼ぎ労働者が多く、そこで二等市民として差別を受けながら、荷物運びやホテルのボーイなどの仕事に甘んじていた。主要な官職やいい仕事は支配民族であるパシュトゥン族に独占されているからだ。ハザラはこの戦争を頑張り抜くことで、戦争後の地位向上と発言権の増大を考えており、その戦闘能力も意欲も高いという。

ここを訪れているハザラのグループ「ナセル」(アラビア語で〝勝利〟の意)の人々と話してみる。

「我々ハザラは四つ以上の多くのグループに分かれており、各グループの対立もある。アフガンの中央ハザラジャードに位置しており、武器・弾薬の供給が難しいし、周りのグループ――ジャミアテ、ヒズビ、ハラカット(ハラカットは穏健派ともいわれ、ザヒール・シャー元国王支持を明らかにしている)など――が、ハザラ・グループ(ハザラだけがイランと同じシーア派で、他はスンニー派)の増大を望まないので妨害される。スンニー派のパキスタンも同じで、もし、イランがイラクとの戦争を終えて、援助を始めたとしても、武器の輸送が難しい。だが、戦争が終われば、イランは我々の兵士を訓練してくれるだろう。ハザラジャードには、駐留していたソ連軍と政府軍が少なかったので捕獲できた武器も少なかったし、買おうにも、貧しい地帯なので資金が大変だ」と語ってくれる。

彼らは一週間以上、滞在したので話す機会も多かったし、同じ顔立ちの日本人には非常に親しみを感じており、打ちとけて話してくれる。

「ここにきたのは、マスードと連携を深めること。具体的にはシャモリーでソ連軍に対する共同作戦を展開することだ。その統一組織としてラバニ氏を大統領にするのはかまわないが、首相や大臣のポストは確保したい。もちろん、我々から大統領をだしたいが、それは難しいだろう。ハザラ七百万のうち、武器を持っているのは二万人だが、七百万すべてがムジャヒデン（聖イスラム戦士）である。女も子どもも食糧をつくり、戦士を助け、後方支援するからだ」

「次はぜひ、ハザラジャードにきてくれ。我々ナセルがいろいろ見せてあげよう」とうすいヒゲ、切れ長の目をした戦士たちが人なつっこく微笑みながら、私にいう。

また別のハザラ・グループがやってきた。ナセルとはり合うイテハーデ・ムジャヒデン（戦士統一）という名のグループで、勢力は非常に強いがイデオロギーが弱い。ナセルは勢力は小さいが主義をしっかり持っているという。この二つは、お互いに対立、抗争している。イテハーデは前のソ連軍大攻勢の時、パンシールに数百の援軍を送ってきたという。

私が「対立しているなら、どっちをとるのだ」と、マスードの副官たちに聞くと、「マスードはどちらもとる。私たちはイテハード（統一）を求めている」と答える。イテハーデ・グループはヒズビとの連携を最近深めていたらしいが、パンシールと切れることで弾薬が欠如して泣きついてきたらしい。ナセルの方は、日々勢力を伸ばすジァミアテ、そしてマスー

ドとの関係を持ちたくて、ここを訪れてきた。

マスードに「ハザラとタジクが連合すれば五〇パーセント近くになるね」というと、「パシュトゥンを除外しての統一などは考えない。モスリマーン（イスラム信者）としての一つの連合を考えている。タガブのパシュトゥン、シャモリーのパシュトゥンとは一緒に作戦をやってきたし、南部のガズニ、カンダハールのパシュトゥンとも連携は深まっている」と答える。

## イスラムは千四百年だ

アヤトラ・ハーンは「教育を受けていない人、古い世代の人々と話すのは非常に骨が折れるが、若い世代は話しやすい」という。

私が「この戦争は、イスラムの伝統を守ろうとする戦いではないのか」というと、「貴方は正しいが、我々は何も伝統ばかりに固執しているのではなく、新しい技術、新しい産業、新しい世界を求めているのだ。共産主義者の土地改革は、コルホーズ（集団農場）のような形にしようとしたのが失敗のもとで、イスラムでは少数が土地を独占するのを禁じているのだから、我々の新しい国ができた時に、我々の土地改革を行うつもりだ。これはマスードの考えでもある」と語る。

イスラムに則った土地改革！

以前、ある戦士と話した時、私が「共産主義者の行おうとした土地改革は、この国の富めるものと、貧しい者との格差を考えた時、必要だったのではないか」というと、「土地改革も、貧富の差の是正も、婦人の地位向上も、ちゃんとイスラムにある。ただ、歴代の王制が、それらに則って行わなかっただけだ。共産主義はたかだか百五十年の歴史ではないか。我々のイスラムは、それらの政策をすでに千四百年前から持っているのだ」と自信を持っていっていたのを思い出す。

一〇パーセントの人が可耕地の半分を所有し、千三百万人が土地を持たない現実は、平等を建前とするイスラムの中で、許容できない部分でもあるだろう。

## イスラム共和国

では彼らイスラムの政策とは何なのか。マスードのいうイスラム共和国とは何なのか。マスードは「アフガンの聖戦はイスラム国家を創るためだが、ホメイニのイスラム共和国を百パーセント真似るのは良くない。国の事情が違うからだ。アフガニスタンは超大国との戦いの中で、イスラム国家を作ろうとしているし、イランは国内問題の中で、イスラム共和国を作ったのだから。アフガンは、アフガンの国民に役に立つイスラム国家を作るべきで、それはイランと違うものになるだろう。人々の望む通りのイスラム国家を作るべきだと思う」と語っている。

マスードやパキスタンのラバニ議長からのインタビューをもとに、もう少し具体的なイスラム共和国像を追ってみる。

ムハンマドの時代を理想とするが、それは時代を当時に戻すということではなく、その多くの信条・政策をそのまま現代に適応することができるとし、モデルの国はなく、イスラムそのものがモデルであるという。正義・公正はイスラムの信条であり、中心の理念であるという。

〈民主政治〉議会は、広く様々な分野の人々で構成され、国家の指導者は、人々による選挙によって選ばれるべきである。イスラムでは、何事も相談にかけることを要求されているので、議会で重要な事項は慎重に議論される。

〈教育〉イスラムは男女どちらも知識を求めることが義務づけられており、科学、知識、工学を学び求めることは何の支障もない。女性はイスラムの教える範囲で、これらの権利を享受し、妥当な地位を築き上げるべきである。若者が科学や工学を勉強して、国のために役立てることができる教育システムを作る。

〈経済〉人の財産や安全が脅かされないようにすべきである。土地所有者と貸借者の関係、雇用者と被雇用者の関係を、敵対ではなく協調の中で変革していく。生産と収入を〝平等と正義〟に基づいて分配する。

〈土地改革〉シャリア（イスラム法）に基づき、格差を是正。まず、バイトルモール（〝皆のもの〟の意）という救貧組織に、すべての人々がお金か小麦、米などで純収益の二・五パーセントを差しだす。この組織が、貧者やイスラムのためになることにこの財源を使う。多くの土地を持つ人ほど、小作農の取り分を多くしてあげなければならないし、使っていない土地は、他の人が耕すことを認めなければならない（が、没収は行わないので貸与という形で）。他には、土地を政府が買いとり、従来の国有地、あるいは新しい開拓地などをあわせて貧農に分配する。

〈言論の自由〉自己の考えを、人々の前に明らかにする権利を皆、有している。少数派を抑圧することはせず、運動の自由も認めるべきである。

〈社会〉すべての民族・部族の統一を求め、等しい権利を付与。不正義な特権や地域的偏見、分離主義を廃し、圧制、汚職、失業、無知、搾取を撲滅する。

〈外交〉帝国主義・植民地主義に反対する。すべてのパワーに影響されない自主独立の路線を歩む。すべての国々と友好を保ち、援助はそれらに反しない範囲で、積極的に受け入れる。自分たちの文化・宗教が侵略されれば、戦いは辞さない。

〈メディアの利用〉すべてのラジオ・プログラム、報道及び出版は公共のサービスに努める。メディアはより高い文化・教養とイスラムの永遠の価値のために、また社会の進歩やその道標としてあるべきである。

　以上が、彼らのイスラム共和国の大体の理念と概念である。

　マスードはいま、全精力の七、八割をイテハード（統一）のために注ぎこむ毎日だ。彼の統一とは、アフガン全土の戦線を統一し、一司令官の命令ですべてが動く体制を作り上げること。そしてベトナムのテト攻勢のような全国一斉の攻勢を行うことに目標を置いている。これが、ソ連の撤退への大きな圧力になると考えているようだ。遠隔地のヘラートやカンダハールとの連携もすすみ、車を使った連絡もできるという。そうすると三日くらいで全戦線に指令が行き渡る計算になる。一部の指導者が、交渉に幻想を持ち始めてはいるが、マスードは国際世論や名目だけの政治連合には、過分の期待をいだかず、また米ソのスーパーパワー・ゲームの駒になることを欲していない。そして、自分たちの独力でソ連という超大国を撤退させるのは、まず国内の軍事的統一こそが第一であると考えているのは間違いなく、その道を時を惜しんで突き進んでいる。

### カブールからの来客たち

今日もシャモリーから、四人のヒズビ・イスラミの司令官がマスードの前にあらわれた。ジァミアテ・イスラミになるのだという。彼らはジァミアテという組織の名ではなく、マスード個人の魅力にひかれて、加わったのだ。これで戦略要地シャモリーのジァミアテの勢力は以前の五〇パーセントから七〇パーセントになるといい、ここまでくると九〇パーセントくらいになるのは早いとさえ副官たちはいう。

シャモリーを制することはカブール政権の喉元を押さえることで、大きな戦果といえよう。サランでは先日、ヒズビのマンスールとの合同軍事作戦を敢行させ、かなりの戦車や車両を破壊させた。カブールとソ連に対するマスードの反攻の準備は整ってきているようだ。

新たな客人がカブールから訪れた。政府の役人や判事など政府要人も含まれている。夜遅くまで、マスードと地図を前に、ずっと話しつづけている。マスードはカブールで大きな作戦を考えているようで、そのためか、カブールからの訪問客が最近多い。その中の五人の客人にマスードについて聞いてみる。五人はみな他の戦士グループのメンバー、あるいはカブールの有力者たちであり、パンシール出身ではない彼らのマスード評がどうなのか非常に興味がある。

「彼は英雄だ。カブールのソ連人までもが、マスードはヒーローだといっている。彼は北の指導者である」

「皆、彼の名は知っている。彼は英雄だ。ソ連は自分からは撤退しない。力で追いだすしかないだろう。ある時（解放）まではマスードが良いし、今は彼しかいない。ラバニやヘクマチャール（ヒズビ・イスラミのリーダー。自己顕示欲が強く、他グループとの協調性も少ない）は良くない」

「私はカブールの戦士の司令官です。カブールでは皆、マスードを知っている。彼は自分の地位のために戦わない。ただソ連を撤退させ、自由を得るため、そして民族自決のために戦う。他のペシャワールのリーダーたちも自分のためではなくて、国のために働けば、アフガニスタンは自由になるだろう。アフガン二十四省（全土で二十八省ある）を訪れたが、皆、マスードを支持しているし、彼と同じ考えだ。

ペシャワールでは、人々は自分の地位のために働いているし、スパイも大勢入っている。ペシャワールなどの外にいる人は将来、責任をとることはできないし、国内にいる人が責任をとる立場につくべきだ。いい人は国内で戦っている人で、外でいい生活をしている人は役に立たない。マスードなら四十年、五十年とソ連がでるまで戦うだろう。ベトナムは三十年くらい戦ったけど、我々の子どもたちが、銃をとって戦う訓練をしているし、その子たちが我々以上に戦うだろうからもっと戦えるだろう」

「私はムジャーテ・ミリ（戦士戦線）の人間です。チェルストン（国家宮殿）の周りなどで、ゲリラ活動をしています。私はマスードが自分だけのために戦わないことを聞いて、彼と一緒にやれば、もっと良く戦えるだろうと思ってきました。仲間がここで訓練を受けて、戻ればきっと勝てる。外ではジュネーブなどでの話し合いがあるけど、国内で統一をつくるのが一番だと思ってやってきました。マスードの戦士は強いし、人々はマスードを信じている」

「私はカブールである仕事（判事）をしています。アフガンの歴史は、過去に大勢の勇敢な人を育てている。アフガニスタンは自由な国であり、英国と三回も戦い、彼らの帝国主義を打ち破った。自由は神からの授かり物であるが、無償ではなく、自分の血で、自分の戦いで守り抜くものです。

いまアフガニスタンはソ連帝国主義の圧制の下に置かれているので、人々は大反対をして戦っている。だから、聖戦は続きます。アフガン人は、この国の良かった時代、自由だった時代を忘れることはできない。すべての戦士は、いま一人のリーダーを決めようとしているところです。国のため、自由のため戦える人を。マスードがいままでの戦いの中で見せた素晴らしさは、子どもから年寄りまで皆知っているし尊敬もしています」

「私は行政府で働いています。私は、彼がアフガニスタンのリーダーにぴったりだと思います。部族や地域、言葉の違いを越えて、我々は統一されるべきで、人々は彼をその指導者として選ぶかも知れません。ＫＧＢやＫＨＡＤ（アフガン秘密警察）からお金をもらい、統一の邪魔をする人をとり除くのが私たちの仕事です。ＫＧＢはザヒール・シャー（元国王、一

◀森の日陰 [illegible]、子どもたちが飛ぶように走ってきた。

九三三〜七三年まで統治）やダウド（元大統領、七三〜七八年まで統治）の時代は一千人から五千人くらいだったかも知れないが、いまは協力者を含んで十万人くらいいて、その給与はアフガンの国庫からだされているのです。ソ連に留学生で行った人々は、一部の協力者を除いて、どんどん逮捕されている。多くの人々が、ソ連の非民主的政治や抑圧の真実を語るからです。現在、彼らは、ハルクやパルチャミだけをソ連に送り、イスラム教徒の息子は、もう送らないようになりました」

### ハッシシ売りの少年

バザラックにでると、ルハ対バザラックのカラルガ対抗バレーボールの試合が、広場で行われていた。それを見ていたら、アンダロープでずいぶん世話になったシュクルがやってきた。彼はバレーを見ている十二、三歳の少年を指さして「あの子は、カブールでソ連兵相手にハッシシを売っている」と教えてくれる。少年に聞いてみると、うなずいたものの、それを誇れる商売とは思っていないらしく、あまり喋りたがらない。が、すこしだけ話してくれた。

「ソ連兵はお金をあまり持っていないけど、結構、ハッシシは買うんだ」

少年は一かけら二十アフガニーのハッシシを売っている間に、商売に必要な数字はもとより、簡単なロシア語の会話を覚えてしまったという。

以前、ソ連兵から武器を横流しさせたことがあるというシュクルが、試しにロシア語で話しかけると、結構できるので驚いた。少年は腕に立派な時計をはめており、それを見た一緒

のモスリムが「なかなかやるもんだ。立派なもんだ」と感心している。

ソ連兵にハッシシを売り、金を得ることは、見方をかえれば立派な反ソ行為かも知れないなあと私も思ってしまった。パンシールからは、多勢の人々が出稼ぎに行っており、カブールに家族がいる人も多く、今でもたくさんの人々が行き来している。この少年もこちらの叔父を訪ねて遊びにきたらしい。

**少年スパイ・モハマッド**

オストナにある教育コミッティを取材で訪ねる。そこは、教師や教育関係者たちのセンターだ。教育や指導方針、イスラムについての印刷物を発行し、八つの地区に先生たちが出向いて配達して歩いている。ちょうど、刷り上がった印刷物をホッチキスで止め、製本しているところだった。バスやトラックが事務所の前を通ると、それに乗ろうと、皆、出来たばかりの小冊子をもって飛び出していく。今日の印刷物は「イスラム革命」についてのものだという。私もそれを一部もらう。

ここのチーフ、ドクター・ファジルは、私に「マスードについてどう思う」とたずねる。私は「良い司令官だ」というと「良いのは軍事だけか」というので「政治の資質もある」と答えると満足そうにうなずいた。彼はカブールで医者だったが、マスードのもとに馳せ参じたハザラ系の男だ。逆に彼に「マスードは北部に強いが、他の地域はどうか」と尋ねると「それが問題で、カンダハール、ジャララバードなどのパシュトゥン部族との連合が難しい」と率直に認める。

この教育コミッティのオフィス兼住居には、教師たちに水をもってきたり、彼らの食事を作ったり、井戸から水を汲んだりする少年が一人いた。十二、三歳くらいだろうか。まだあどけない。

他の教師に「この少年も戦士か」と聞くと「KGBだ」と答える。冗談だろうと思ったが、「少年はカルマル政権のスパイをしていて、二年前にサラン峠で戦士側に捕まったのだ」というではないか。目のくりくりした、笑うとエクボのできる、幼さの残った少年だ。さっきも、私に「モハマッド・シャー」(この少年の名)を英語でノートに書いてくれといってきた。

マスードと一字違いのこの少年は十四歳。彼と一緒に捕まったもう一人の少年は当時、九歳だったという。戦災孤児や共産主義者の家庭の児童など三千五百人もの少年少女が、エリート養成のための共産主義教育を受けさせられているらしい。少年はカブールで、ロシア語とファルシー語の簡単な教育を受けた。彼より上のクラスから、本格的な勉強に入るという。そんな子供たちの中から、ソ連や東独へ教育に送られる者や戦士側の前線に行って、スパイする者たちにふり分けられるらしい。

少年の父親は運転手で、コミュニストではないが、祖父や叔父はコミュニストだったという。精神病でもう十年近くも寝たきりの母親がおり、その母と父、二人の弟と2DKのアパートに住んでいた。長男だった彼はカブールで簡単な講習を受け、「中国人や米国人、あやしい外国人を見たら、まずソ連兵に通報してから、カブールにきて報告する」ことを教えられ、サラン・ハイウェイに向かった。

戦士に「どこへ行くのか」と尋問され、「マザリ・シャリフ」と答えたものの、挙動がおかしいのであやしいと睨まれ、カラルガに送られて、そこで本格的に取り調べを受けた。三カ月後にやっと口を開き、「政府のレポーターをしている」と白状したという。少年は私の方を向いて「だけど三カ月、白状しなかったんだよ。三カ月だよ」と得意そうに、エクボを浮かべていう。いまは、ここで再教育を受けて、立派なモスリムになったようだ。彼は「ドクターが先生なんだ。文字や勉強、いろいろ教えてくれる」という。ドクター、ドクターとなついている。コーランもファジルに教えてもらっているらしい。

「ブルース・リーって日本人だろ。テレビで見たよ。だけど、日本はどうしてカルマル政府にテレビ番組を流しているの」「戦争が終わったら、パキスタンに行って、映画やテレビを見るんだ」と屈託がない。

だが「カブールには戻らない。パルチャミに殺されちゃうから。帰らないで、ここで戦士になって戦うんだ」という。「日本はいいね。だって戦争がないから。ここでは大国ソ連が小さなアフガニスタンを占領しているんだ。だけど、パンシールの戦士――アスカリ・マスード（マスードの兵隊）は、すっごく強くて、飛行機もないけど、ドゥシカだけで四十機ものジェット機やヘリを落としたんだ」

「マスードを見たのかい」と聞くと、ニッコリ笑って「見たよ。ついこないだ、ここにきたもの」という。この少年にとってもマスードは偉大なカハラモン（英雄）に映るようだ。

### 休戦切れを前に

久し振りに時間を見つけたマスードは、庭のテラスに座り、サウジアラビアのメッカでの礼拝の声を吹きこんだコーラン・シャリフのカセットに耳を傾けている。コーランの歌声とも叫びともつかぬ素晴らしい詠唱に目をとじ、腕をひざの上にたてて、じっと聴き入っている。

「オノアのソ連兵は非常に少なく、動きも少ないようだ」と一人の戦士がズィアに報告する。休戦はもうすこしで切れるらしい。ズィアは私に「ソ連軍はすぐには攻撃には移らないだろう。我々と休戦をもっと続けたいに違いない。休戦を続けていくと、他の国々はどう見るだろうか」と聞いてくる。

「あまり長すぎると、怖くて戦わないのだろうと他の地域の人は思うし、自分の所は、被害を受けているのに、なぜパンシールだけが休戦で被害がないのだと考えるようになる」と私は答える。どうもマスードは、ソ連側と話がつけば、休戦の延長に応じそうな気配だ。統一のため、他地域との連携と組織化のためにはもっと時間が必要で、休戦で時間を稼ぎたいと思っているに違いない。

カブールからの使者によると、四日前にマスードのグループが、カブール空港を襲い、八機のヘリコプターをロケットで破壊したという。

明日は全パンシールから百十人の司令官、宗教指導者、有力者が、この家に集まり、休戦を継続するか、戦闘に突入するかの話し合いを行う。半数以上が、「戦闘」といえば、マスードはそれに従うという。かなりの司令官が戦闘を望んでいるらしい。

ズィアは「一昨日、カラルガの一つ、チモール・ワルダをジェット二機が爆撃した。ソ連はパンシールを恐れて休戦の延長を望んでいるので、たぶん休戦に反対のパルチャミ党員が独断でやったのだろう」という。

人々が続々、この家に集まり始めた。宗教指導者四十人、司令官三十人、他の有力者四十人の計百十人だ。これがパンシールのすべてを決定する評議会でもある。イスラムでは、「何ごとも、互いに協議せよ」（聖コーラン第四十二章三十八節）とある。前回の休戦もこの評議会の決定だ。家の前に絨緞を敷きつめ、それに座ったマスードは百十人を前に演説を始めた。

「休戦をいま一度結ぶべきかやめるべきかが今日の会議の目的です。長老・宗教指導者の皆さんの話を聞きたいと思います。ソ連はいままで、パンシールを壊滅しようとしてきたが、アラーの神のお陰で彼らは負け続け、昨年は、全力を投入してきたが、失敗し、仕方なく話し合いを選んだ。その時は、貴方たちも賛成してくれました。イスラムの教えの中には休戦も認められている（ムハンマドも何度も休戦している。イスラムの人の役に立てば、休戦してもよいと教えにある）。休戦の一つの理由は、八カ月の長期戦で、戦意はあったものの、我々は新たなる戦いのために準備する必要があった。

この休戦の間に、我々の意見の相違を統一できたし、経済的には、二年間、カブールからの輸送のストップにもかかわらず、食糧を備蓄できた。

我々の聖戦を続けるためには、他地方との統一を図らなければならない。ここパンシールの勝利だけでは、本来の目的に近づけない。敵は、我々の戦線がバラバラであれば、各個撃破に精力をさくことができる。戦士が自分の所を守るだけでは、我々が攻撃された時、支援もこない。我々も、他の戦いに参加することができず、他の地域も孤立してしまう。休戦の延長の目的は、他の戦線と話し合いを持ち、統一を作りあげることです。パキスタンにある七つの組織は統一をしようとはしているが、望みは薄い。私は別に、国内で統一戦線をつくる必要を感じています。彼らに見本を見せる意味でも。

現在と戦いの当初をくらべると、当初は、組織化はすすんでいなかったけど貧しい武器で良く戦っていたと思います。いまは、部族間、グループ間の対立もいろいろ表面化していますが、組織化は進みつつあります。シャモリーでも、ファルザとかイスターレフでも、パンシールが攻撃されたら、そこでソ連軍を分断することを約束してくれています。ジァミアテとかヒズビとか組織の名前はやめて、軍事面だけでなく、経済的にも組織的にも統一しようという考えになっています。この短い休戦の成果を、近い将来見ることができるのを確信しています。

休戦中、我々はここでは戦っていないけれど、他地域と連絡をとり、統一に向かうことは〝大きな戦い〟であると思っています。ソ連の代表が、休戦についての話し合いを求めてきたが、『人々と協議しなければ』といってあります。人々の決定で、それを決めるべきだからです。我々が、四年も戦い続けることで、超大国が、こんな小さな地域と交渉をもったということは大きな成功だと思います。ある人々は、逆に考え、『大きな敗北、裏切り』として宣伝しています。ジャーナリストも外交団も、ここを訪れ、我々の組織と統一を見て、はじめて、悪意の宣伝と違い、『本当によく戦っている』ことを知って帰ります。

イランも当初、この地の善戦を信じていませんでしたが、使者二人がきて、それを知り、ホメイニは、パンシールを援助する部署をつくり、援助しています。

パンシールの人々がお互いに話し合いで、どんな結果や決定を出しても、それを人々が望むなら私は従います。この決定は重要なので、三、四人ずつ代表を選び、シャリア（イスラム法）に則って、休戦の意味と効果を検討すべきだと思います。話し合いは秘密ですが、長老の皆さん、代表者以外でも、私の所にきて意見を聞かせて下さい。また、わからない所があれば、私を呼んで下さい。説明します。私は司令官たちと『休戦が終結したらどうするか、続いたらどうするか』を協議します」

マスードの演説のあと、二人の宗教指導者が、聖戦とイスラムについて話し、全員で昼食をとった。それから、それぞれのグループに分かれ討論に入った。結果は、三日後に集約されるという。

### カブールからの女

戦士たちも、戦闘も作戦行動がない時期には、自分の家の仕事を手伝う。詩人カリルを先日、見かけた時、彼の手が染料で茶色に染まっており、「どうしたんだ」と聞いたら、「農作業を手伝っていた」という。店を手伝う者、大工の仕事に戻る者、アイスクリーム屋を開く者、おのおの自分の仕事に戻っていく。戦争の緊張中にも、生活があり、日常がある。

バザラックで用事をすませ、ジャンガラックの家に戻り、中に入ろうとすると、内から鍵がかかっている。戸をたたくとズィアがでてきて「女。女だ」という。女性が中にいるので、入ってはいけないということらしい。仕方がないので、表に座って待つことにする。

しばらくして戸が開き、女性がでてきた。私は女性の方を見ないようにして戸口に向かった。女は私の傍らを、呪文のようなものを唱えながら通りすぎて行く。チラッとそちらを盗み見たら、黒っぽいチャドルをはおった中年女性のようだった。彼女が帰ってからズィアに聞いてみると、彼女の息子が戦死してシャヒード（殉教者）になったため、わざわざカブールから、やってきたのだという。マスードに「ぜひ、自分の息子に会いたい。死体でもいい。墓を起こしてでも見たいのです」といったらしい。が、すでに日数がたっており、「死体は白骨化して、何も残っていない」と説得して帰したようだ。

女性が唱えていたのはコーランの文句で、コーランの一節、死者に対する句を唱えていたに違いない。

「おおアラーよ。許したまえ。私達の生ける者、私達の死んだ者、ここにいる者、またいない者、老いも若きも、女も男も。おおアラーよ。あなたが生を授けられた者がイスラムに依って生き、あなたが死を与えられた者が信仰を抱いたまま死ぬよう御配慮下さいますよう」

死後の魂の復活を信じるイスラムでは、死者に沐浴を施し、それを白布に包み、顔をメッカに向けて埋葬する。パンシールのあちこちに土を盛りあげて、石を立てかけた墓地があった。黒や緑の旗が、舞い上がる砂塵に寂しくはためいていた。彼女の息子も、その下で眠っているのだろう。

爆撃で死んだ子どもたちを前に、気が触れる女性が多いという仏人医師の話を思い出した。自分のお腹を痛めた子の死。その息子の死に輝かしいシャヒード（殉教者）という名が冠せられたとしても、子を失った悲しみに変わりないだろう。アンダローブでみた、家族を殺された女たちの姿がよみがえってきた。

男たちの聖戦の陰で、そんな女たちの涙がチャドルの中で流されているのだろう。女は家庭を守るべきだというイスラム。その家庭そのものが、戦争で破壊されていく。女性の悲しみは深い。女たちの嘆きが聞こえてくるようだ。

## イマンと戦争

レバノンのベッカー高原では反アラファト派が蜂起して、アラファト派と砲撃戦を展開しているとBBCはいう。PLO（パレスチナ解放機構）は世界の解放運動のモデルともいえる存在であった。マスードにパレスチナの戦いについて聞いてみた。

「PLOは武器を持っているが、イマン（信心）を持っていない。武器とイマンを合わせ持つと勝つと思います。アフガニスタンでは武器はないけど、イマンがあるから超大国と戦えます。パレスチナほど組織化されていないけど、よく戦っています」

いまアフガニスタンでは大きな世代交代がおきている。アフガンはかつて長老の部族長、封建地主、聖職者によって統治された伝統的社会だった。が、いま各地に若い指導者が続々、誕生している。彼らは軍事面だけでなく行政をも統治している。解放後、彼らが国のリーダーシップをとるだろう。

マスードはこの点について、「状況が戦争によって大きく変わった。そういう変化も当然あるだろう。戦争はすべてを変える。四年前ならロヤ・ジルガ（議会に相当する伝統的な大集会で、部族長、宗教指導者、地方有力者、学者など三百人で構成され、国家的政策を審議・承認する。前回は一九六四年の新憲法の認知を行うため国王に招集された）が、新生アフガニスタンを創設するのに役立ったかも知れないが、地方の指導者の多くはいなくなったか、殺されたかして地元を支配していないのも事実だ。新しい酒（国家）は、新しい器（新生議会）に盛られるべきだ」と話す。

**休戦明け**

七月二十二日七時二十五分、日没のパンシールで各カラルガのドウシカ、ZPU―2、曲射砲などが一斉に火を噴いた。夕闇の空に砲撃がオレンジ色の線を断続的に曳いていく。照明弾が打ちあげられ、夜空を紫やオレンジの色に染める。「ノレタクビール！　アラー・アクバル！（我々は戦うぞ！　神は偉大なり！）」。戦士たちの雄叫びが峡谷に響き渡る。今日で休戦は切れた。この一斉射撃はオノアの臨時ポストのソ連軍、パンシール内の政府側の情報提供者に、戦士たちの志気の高さを誇示する目的なのだ。

マスードは自分が政府内に持っているスパイ網で、ここパンシールで誰が情報を売っているのか、その名前と人数まで正確に知っているようだ。そのまま放置しているのは逆に利用することもできるからだろう。彼の情報収集能力とその対処の仕方にしたたかさを見る。

**パンシールの戦士たち**

マスードとその日一緒に帰ってきた戦士は、私に「ヒズビと戦ってきた」とあっさりいう。三グループ（約九十人）が出撃して、四十二丁のカラシニコフ、他にドウシカ、ロケットなどを捕獲、二百五十人のヒズビが投降したという。「どうしてヒズビと戦うのか」となじるようにいうと「だって、奴らがいつも仕かけてきて、我々の妨害をするんだ。これは正義の戦いなんだ」という。

彼らパンシールの戦士は、他の地域のヒズビや同じジャミアテと較べて、その強さにおいて圧倒的に抜きんでている。アフガンの戦士の中でも最強だろう。パンシールは、カンダハールのパシュトゥンと並んで、もともと気の荒いところとして有名だったらしい。

その気性に加えて六度にわたるソ連軍の精鋭部隊との戦闘は、彼らの自信をも大きくした。そして司令官が聡明なマスードであり、彼のもとで働くことに戦士たちは大きな誇りを持っている。また、パンシールの戦士たちは、総じて数字にも正確だ。他の地域の戦士たちの数字は全然アテにならないがここは大丈夫といえる。そして何よりもよく組織化され、指揮系統が整っているし、戦士たちに規律を重んじる精神がある。戦士たちにも司令官マスードの影響が明らかだ。

パンシール三大英雄の一人、アブドル・ラジームを家に訪ねる。彼は爆弾処理中、事故で右手を失い、顔、胸、足にもやけどを負った激戦地マンジョールの司令官だった。彼と同じ

◀戦士から銃を借り、構える少年

く足を失ったポーランデの司令官アブドラ・ワイドとともに、ヨーロッパの支援組織の招きで、英国、フランス、ノルウェーなどを回り、支援を訴えてきたばかりで、英国で得た新しい義足をつけていた。

彼はその帰路、パキスタンで他のゲリラの組織の指導者とも会ってきたという。その際、ラジームが「私の寿命が百年なら、二十年をマスードに捧げてもよい」というと、彼らはカンカンになって怒ったらしい。だが、「一部の司令官を除いて多くの戦士たちは、マスードを崇拝しており、パンシールで訓練を受けたがっている。そして戦線が統一され、一人の司令官のもとで戦闘することを欲している」ともラジームは語る。

**ザヒール・シャー**

今朝、背中に何か触れるのでハッと飛び起きると「ガジュドム」（さそり）がいた。驚いた。夏になったせいかあちこちからでてくる。三、四センチの大きさだが刺されると一晩くらい、ひどい痛さで、はれが一カ月くらい続くという。

ズィアによると、穏健派のハラカットを中心としたイスラム連合が、ザヒール・シャーを元首として受け入れることを決めたという。ザヒール・シャーは一九七三年、イタリアに外遊中、従弟のダウドによってクーデターを起こされるまで、この国を統治していた国王だ。「酒を飲み、美食をし、美しい女と夜をすごすしか能がなく、アフガニスタンを駄目にしたのはザヒール・シャーだ」と評判はよくない。海外にかなりの資産を分散させてあったので、そのままの優雅な生活をイタリアで送っている。ヒズビとジァミアテ、ユニス・ハリス派のイスラム連合は、彼の受け入れに大反対している。治政時の無策ぶりと国民を一顧だにしないその政治姿勢のせいだ。

今夜のマスードは口数も少なく元気がない。どうもザヒール・シャーのことのようだ。カルマル政権がジュネーブで「ザヒール・シャーの帰国を受け入れる」と発言し、また一方で「ザヒール・シャーを象徴とするイスラム国家を提唱」（これは本当に提唱したのかどうかまだ確認がとれていない。確率は少ないと関係者はいっている）してから、カブールでは、連日、彼の帰国の噂でもちきりだという。ただザヒール・シャー自身は、いまの状態では毛頭帰る気はないだろう。カルマルとソ連にうまくカイライとして利用される恐れもあり、また復帰反対する戦士に狙われる危険も大きいからだ。イタリアで彼は、戦士側の大同団結を訴えただけで、帰国については一切、沈黙している。彼を支持する穏健派グループは使節団を彼のもとに送った。

マスードはシャーの帰国については心配していないが、カブールの人々が「彼が帰ってきて、ソ連が撤退し、元の平和に戻ればいいではないか」と考え始めていることを知り、それを心配しているのだ。彼は不快そうにいう。

「カブールで帰国の噂が広まっているが、ザヒール・シャーを支持するゲリラ・グループか政府から流されているのかも知れない。四十年在位したが、アフガニスタンはその間、ほとんど発展というものがなかったし、外国からの援助も彼の懐に流れていた。彼がアフガニスタンに戻れば、アフガニスタンは百年以上も昔に戻ってしまい、決して前には進まない。シャーも怖くてこれないだろうが……」

ソ連は現状——大都市と主要幹線を押さえる——を維持しつつ、和平交渉による平和の幻想をふりまくことで、いままで対ソ連一本にまとまっていた戦士と民衆側を分断する作戦なのだろう。

## 休戦の条件

マスードは外から帰ってくるなり、彼を待ちかまえていた七、八人の男たちに、明日の行動についてテキパキと指示を与える。そして、近く私と一緒にパキスタンへ出発する予定のズィアに「フランス人医師二人を連れていけ。コーテル（ロバと馬の混血。体が大きく、力がある）が明日着く。護衛にソルビまで一グループつける」と指示した。

マスードは休戦の延長の条件として、ソ連側に、オノアの臨時ポストの撤去かパンシールの最上流部にあり、パキスタン、バタフシャン、タホール、パンシールを結ぶ十字路でもある要衝コランバ・マンジュンの基地の撤去、この二つのどちらかをソ連に飲むように迫るつもりらしい。ソ連が受け入れなければ戦闘に入るとも告げるようだ。休戦に入るとしても、百十人の代表が決定したように三、四カ月の短期の休戦になるだろう。

ソ連軍側からはまだ使者はこない。「近いうちにくるだろう」とマスードはあわてていない。彼はソ連に一度も「こちらが休戦を望んでいる」というそぶりは見せていないし、いつでも戦闘に入れる態勢はすでに作ってある。

ソ連軍はマスードとパンシールの戦士を恐れているのは確実で、以前、ソ連が戦士側のルートをアンブッシュした時、マスードはオノアのソ連軍連絡将校に言った。「あすこはパンシールの一部である。どうして攻撃するのか」と。するとソ連軍の将校は数日後、「あすこではもう待ち伏せはしない」といってきたという。マスードの警告のすぐあとにカブール空港が攻撃され、彼らは多数のヘリを爆破されたからだ。

マタハリックやザルバティの遊撃部隊が連日、クンドゥスやタハール、シャモリーに向け出発している。訓練のほかに、ソ連軍との戦闘にも参加している。またその一部は、対立グループ、ヒズビとの戦闘にも充てられているようだ。私の見知った戦士たちが、毛布がわりのパトウ（マント）やザックを背中に背負って出撃していく。

私の出発は近い。パンシールでマスードと生活を共にし始めてからすでに三カ月たっていた。マスードとソ連軍の交渉が、オノアの臨時ポストの将校を介して始まったようだ。

# 第六章　戦士群像

まことに
われは人間を
最善の形に創った

（聖コーラン第九十五章四節）

## 地雷を踏むのは怖い

彼ら戦士たちは、私が「死ぬのが怖くないか」と質問するたびに「怖くない」「なぜ、恐ろしいことがあろうか」といってきた。「本当だろうか」と私は思い、戦士たちにしつこいほど、同じ質問を繰り返してきた。ある時、ルハのカラルガで、四、五人の戦士たちと話していると一人がいった。

「地雷を掘りだすのについてくるか」

「行くよ。いつでも。いつ行くんだ」

「……。お前は死なないからいい。だけど俺は失敗したらどうなる。死ぬじゃないか」

「さっき、死ぬのは怖くないといったばかりじゃないか」

「戦闘で死ぬのは怖くないが、地雷を掘って死ぬのは怖い」

「同じシャヒード（殉教者）じゃないか。矛盾してるよ」

「そんなことはない。死んでも我々は天国に行ける。怖くはないんだ」

私はこのやりとりの中に、彼らの本心をわずかにだが、感じとることができた。やっぱり、彼らも怖い、死ぬのは怖いんだと。しかし我々日本人が死を恐れるほど、彼らは死に恐怖をもっている訳ではない。彼らは本当に、シャヒードになれば天国に行けると信じているからだ。その信仰心が、アフガン・ゲリラの強さの大きな背景であることは間違いない。だが、そんな彼らも、他の人間のように死に恐れを持っていることも事実なのだ。

## 片足の戦士と共同体

ゴラム・ラスール（二十一歳）。彼は私と一緒にパンシールに戻ってきた片足の戦士だ。が、パンシールに帰って三カ月。彼は何もすることがなく、毎日ぶらぶらしているだけだ。

ポーランデの清流が流れる彼の家の前を通ると、流れの脇の木陰に腰をおろしてじっと座りこんでいる彼をよく見た。寂しいのだろう、私を見るとつかまえて離さない。人が通ると「俺の友達だ」といって自慢げに紹介して、決まってその人を加えた記念撮影をしろといいだす。

ある日、しょんぼりしている彼を見て声をかけた。義足の先がもう、つぶれてしまったという。「日本に行って働くんだ。そして、いい義足を買う。行くにはいくらかかる」と聞いてくる。「日本で働くのは難しい」というと、ガックリ肩を落とす。旅の途上では、「戦うんだ。死んでも」と力んでいた彼だが、銃がない。手に入れることができないのだ。マスードを見ると、重い足をひきずって追いすがり「銃を」と迫っていた彼。私が「ハーンもマスードに頼んでいた」というと、険しい表情で「奴は銃を得たのか」と聞いてくる。私が「いいや」というと安心したように肩の力を抜いた彼。

ハーン・モハマッド（二十二歳）。彼は実に陽気な男で、こちらが沈んでいると逆に励まされる。やはり私を見ると手を握って離さない。「何を飲む？ モス（ヨーグルト）かシール（牛乳）か？」と自分の家の前まで引っぱっていく。家の前に蒲団をひろげ、私を座らせる。人前ではいつもおどけて、腰をふってイランのベリー・ダンサーの真似をしたり、歌を披露する。義足をはずして片足で、他の戦士たちと泳いだりもする。

バザールで彼がロバからふり落とされるのを見た私が、あとで彼が落ちる真似をして冷やかしても、笑いながら「見ていたのか」といい、その時のロバの鳴き声をもう一度、真似てみろと屈託がない。ラスールが落ちこんでいるのを見ると「奴は女房がいるから、疲れているのさ」と私に冗談ぽく耳うちしたりもする。

これら片足の戦士たち。彼らは足を失ってもちろん悲しいだろう。そして何よりも不便だ。イスラム式の座り小便もできないし、立ったり座ったりする礼拝も面倒だ。だが、私たちが足を失うよりも悲しむことは少ない。このパンシールに住む限り、人々はすべて「彼がソ連軍との戦闘で足を失ったこと」を知っているし、人々はそんな彼を〝英雄〟と認め、敬意を払ってくれる（ジャミアテ・イスラミからも毎月、援助金が交付されている）。

結婚も、相手の女性の意思を確かめる必要もなく（女性は親に逆らえば生活できなくなる。外で働く仕事は女性にはないから）、親の承諾を得て結納金を用意すればOKだ。親の方も、英雄に対して娘をやることを拒むことはできない。

またこの共同体は大家族主義でもある。叔父、甥、兄弟などが一つの家に住むケースも多い。普通の場合、やはり独立した家屋をもつが、現在のように爆撃で家を失ったりすると、兄弟や叔父の家に身を寄せる。孤児も家族や親類に引きとられる。大家族主義の良い点であろう。

**料理番シュクル**

シュクル（十八歳）。彼は最も私に親切だった戦士の一人だ。アンダローブ行きは一緒で、私が雪目になった時も、ジンマシンがでた時も私を助けてくれた。かゆくて眠れない私の手足を夜中に一生懸命、さすってくれたりした。雪山でばててしまい、かろうじて足を上げてノロノロと進む私の真似をして皆を笑わせた。

アンダローブでは、ずっと食事番だった。ロザをとらない私に、そっと卵やビスケットを手に入れてきてくれた。私の小型ラジオを見て、いつも「ラジオを売ってくれ」といっていたが、それは帰る時、ズィアに渡す予定だった。「ラジオをどうするんだ」というと「戦闘で山に入っている時、何もないから音楽を聞いて楽しむんだ」という。アンダローブの山越えの時、彼を初めて見たので「マタハリック（遊撃隊）か」と聞くと「そうじゃない」という。「ザルバティ（地区遊撃隊）か」と聞いても「そうじゃない」と答える。自分から料理番で行くとは決して言わなかった。

アンダローブから帰り、バザラックのバザールで彼と会ったら、「マスードの命令で、またアンダローブに行かなくちゃならなくなった」と気が重そうだった。「また料理番か」というと「いや、そうじゃない。今度は訓練を指導するんだ」といったが、彼の表情から多分また料理番かも知れないと思った。

元気のない彼に、「次にはマタハリックか地区の隊長になれるよ」といって励ますしかなかった。彼は私を、路上の写真屋の所に連れて行くと、私の写真を撮らせた。「日本の記者がきたら、『友達だ。知ってるか』と見せるんだ」という。シュクルは私が写ったプリントを大事そうに胸ポケットに入れるとアンダローブに向かって行った。

**運転手ショウブデン**

ショウブデン（四十七歳）。マスードのジープの運転手だ。頭髪も薄くなっているが、現役の戦士として頑張っている。息子二人が戦士で、一人はサウジアラビアに出稼ぎに行っているという。

彼は「二人目の妻をめとりたい。そして、もっと、もっと子どもをつくるんだ」という。「他の戦士が一人もいないのに、二人もか」と私が若い戦士を見ながらいうと「こいつらは若いから何も知らない」という。「じゃあ、何をするんだ」というと、彼は両手を顔の横であわせて寝る動作をつくって「ハーブ（寝る）」というので、私は大笑いしてしまう。以前、戦士たちとこんな問答があったからだ。

「日本で彼女と何をするんだ」

「食事をする」

「ほかには」

「映画を見る」

「ほかには」

「喫茶店でお茶を飲み、いろんな話をする」

「ほかには」

「……（絶句）……」

絶句して何も言えない私に、皆、大笑いしたのだった。その問答を彼に仕かけようと思ったのだが、彼はうまい表現で逃げた。年の功というやつか。

彼と二人だけで、近くの村まで行ったことがある。村の中に入ると、通りが狭いのでジープはスピードを落とした。そのジープの脇をチャドルをまくしあげた女性が通る。私はアフガンの慣習に従って、視線をそらしていた。女性が通りすぎてから、ショウブデンはハンドルを握ったまま「いい顔をしてた。美人だった」という。何だ！　彼らは普段、「イスラムに女の話は……」とか「モスリマーンは……」とか、結構うるさいことをいいながら、しっかり見る所は見ているのだ。三ヵ月も戦士たちと生活すると大義とか建前とは違った彼らの本音や、我々とそう変わらない人間性に触れることができる。そんな時、ちょっぴり安心する。同じ男として、同じ人間として。

**弟ズィア**

マスードの弟ズィア（二十五歳）。彼とは三ヵ月間、ほぼ毎日一緒に暮らした。彼は十八歳の時からマスードとともに、反政府活動を始めている。パンシールの最上流パリオンの司令官も務めたし、サランの戦闘にも加わっている。物静かで、礼儀正しく謙虚である。この澄んだ目をした青年は読書が好きで、一日中本を読んでいることもある。兄マスードと同じフランス方式の高校イステクランを卒業しており、フランス語を話す。

家に大勢の客人が訪れ、てんてこまいの忙しさで、戦士たちも皆、応対に追われている時に、下男のファラーが突然家に帰りたいといいだした。戦士たちは「この忙しいのに」と彼を止めようとしたが、ズィアは「行ってよい。行け。金はあるのか」と聞き、百アフガニー札を彼のポケットに押しこんだ。ズィアは私にも親切だった。私がマスードの行動を追えたのも、彼の陰の協力によるところが大だ。

ラジオから流れるカブール・ジョンの歌にじっと耳を傾け、雑音に歌声が途切れると、耳をラジオのスピーカーに押しつけて必死に聞きいる彼。パキスタンからのラジオ放送が流す詩に、じっと耳を傾ける彼。だが彼はやさしすぎた。司令官としてはやっていけないとも思った。

◀ヒンズークシ越えの途中で、体を休めるズィア

彼のイステクランの同級生はほとんど外国に逃れている。フランスで会ったアフガン同胞に対して「向こうにいるアフガン人は、ここで聖戦ができなくて逃げた人で、ここに残っている人は、すべて聖戦を戦い、我慢している本当の戦士です」といったズィア。パキスタンに行くことが決まり、「向こうに仕事がたくさんある。あっちではずいぶん、忙しくなるし、大いに働くつもりだ」と私にパンシールでの手持ち無沙汰を弁解するようにいっていた彼。

パキスタンでジァミアテ・イスラミの政治局員で、私の前の旅をアレンジしたナジブラーは妻とともにアメリカに逃れた。地雷で手を失ったマタハリックのある隊長は、新妻とともにドイツに渡った。「彼の兄が英雄マスードでなかったら、彼も……」とフッと思った。

**ボディーガード・ハビブ**

ハビブ（二十三歳）はマスードの護衛役を務める勇敢な男だ。この役について九カ月。以前はマンジョールの戦士だった。マンジョールは要衝バザラックのすぐそばであり、ソ連軍の降下部隊が付近の山に着陸して何百人と山を下りてきて、それを阻止する戦士たちと激しい肉弾戦を交えた所だ。夜の戦闘中、彼は敵からわずか数メートルの所まで近づき、手榴弾を投げこみ、一人で、三、四十人を殺したという。

その激しい戦闘で戦士側も三十人がシャヒードになった。ハビブも手を負傷し、兄二人がここで死んだ。司令官ラジームは左手を失い、運転手ココは胸から肩にかけて負傷した。

私が女の話をすると、「オマール、そんな話は良くない」と大声で怒鳴ったり、睨みつけたりした彼。私が教えたはさみ将棋で、「二番戻してくれ」というので「ダメだ」というと目をむいて今にも飛びかかりそうになったが、じっと我慢していた彼。私にパラワニ（アフガンのレスリング）を挑み、手を捻挫した彼。三日も会わないと「オマール。会いたかった」といって私を抱きしめた彼。

　そんな彼が、ある晩、「二カ月後に結婚する」と私に真顔でいう。冗談だと思い「なぜ、結婚するのか。前には戦争が終わるまで結婚しないといっていたじゃないか」と皮肉っぽく詰めよる。最近、アブドラ・ハイやマタハリックの隊長のマドガウス、ダウドと結婚が続いているので、彼もその気になったのかと内心、思った。

「俺の兄貴二人は、マンジョールの戦闘でシャヒードになった。下の弟二人はまだ小さい。カブールにいる母親は年老いて（彼は顔を歪めてシワを作り、歯が抜け落ちた母親を演じて見せながら）、私に嫁を娶れといっている。そうすればシャヒードになっても子が残るし……」

「マスードは戦争が終わるまで結婚しないのに、どうして君はするんだ」

「（手を高くかかげて）マスードは大きな英雄だ……」

「よし、それなら、娶れ」

「冗談、冗談だよ。家も破壊されたままだし、第一、金がない。オマールが日本に帰ってこの本を書いてもうけたら、ぜひ援助してくれ」

　私は、彼の夢をそのままにしておかずに、現実に引き戻してしまったことに後味の悪さを噛みしめていた。そんな自分に嫌悪を感じながらも、彼のいったことすべてが冗談ではないと思っていた。

**従弟サミ**

サミ（二十一歳）はマスードの従弟にあたる。彼の父がマスードの父の弟なのだ。サミはカブールでは、サッカー、バスケット、バレーボールをやっていた。ここでもバレーボールの対抗試合の花形で、強力スパイカーだ。背のスラリと伸びた好感のもてるスポーツ青年、それがサミだった。弟と二人で、モスリムたちと一緒の家に住んでいる。時々、マスードの家に昼食を食べにくるので図々しいなあと思っていたらマスードの従弟だったという訳だ。アンダローブにもマスードの親衛隊としてきて、常に彼の身辺を守っていた。

弟は十六歳で、この間まで、パキスタンの〝戦士のための学校〟で教育を受けていた。この弟は私に「その靴はいくらか」というので、「三千五百アフガニー」と答えると「嘘だろう」という。そしてカメラは、時計は、と次々に値段を聞いてくる。そして値段を聞くたびに「嘘だろう」というので、私はいった。「もうお前には話さない。本当のことをいっても何でも『嘘だろう』というから」というと反省したのか、少なくとも「嘘だろう」とはいわなくなった。

サミ兄弟の父親はカブールに住み、ザヒール・シャー支持者だといい、酒を飲み、礼拝もたまにしかしないという。そして長男は共産主義者でパルチャミだという。前にアンダローブでサミが私に聞いた。「親の所にはどのくらいの間隔で帰るのか」と。「一年に一回くらいかなあ」と私が答えると、「それなら、まだいいよ。俺は親爺と喧嘩して、三年も会っていない。俺が戦士になったのが気にくわないんだ。仕送りも全然受けとっていない」と話した。

サミはイスラムを信じ、ソ連と戦うために、そしてマスードを慕って、年下の弟と家をでた。ザヒール・シャー支持だという彼の父親は、どんな気持ちで、兄と弟が戦う戦争を見ているのだろうか。母親だけは、時折、衣類をパンシールに届けにくるという。パンシールは以前、多くの共産主義者がいたため、サミのように従弟や兄弟がハルクやパルチャミというケースがたくさんある。戦争が家族を引き裂いているのだ。

**詩人カリル**

やさしい目をした青年、カリル。詩を愛し、吟じる。そして敬虔なイスラム教徒でもある。彼と道を歩きながら、イスラムの女性観について話し合ったことがある。

「ここでは女性を物、あるいは男性の付属物として考えているのではないか」

「そんなことはない」

「結婚式でも女性の顔を見られないのでは、いま、こうして道すがら、その女性に会ってもあいさつ一つできないではないか」

「女性が顔を見せ、あちこちの男たちと話をするのはよくない。男性に事件をおこさせるようになるのは好ましくない。女性はできるだけきれいなイメージを男性に見せなければならない」

「日本では自由に女性と話せるし、結婚前にお互いの性格も知り合える。結納金もない」

「わかっている。それは確かにいいと思う。しかし仕方がない。これがイスラムの習慣なんだ」

ちょうど、向こうから一人の女性がやってきた。チャドルをかぶっている。カリルはそちらを見ないように視線をずらして、そのまま彼女と行き違う。

マスードが結婚するまで、結婚しないという彼。家を訪れては、マスードにせかされて詩を吟じていた彼。彼がくるとマスードは子どものようにワクワクした表情を見せる。詩が半分しかできていなくても、「それでも、いいから」と吟じさせる。

そのカリルがシャモリーの戦闘に出撃するという。私の出発が近いので、「もう会えないだろう」と別れのあいさつをいいに家まできてくれたのだ。そして、ソ連製のカラシニコフとパトウ（マント）一枚で出陣していった。シャモリーの戦闘についてははっきりいわなかった。たぶんヒズビとの戦闘に違いない。「カリル！　間違えてもヒズビとの戦闘なんかで死んだりするな。元気で帰ってきて、マスードの前で、私の前で、君の詩をまた吟じてくれ」。私は彼の後ろ姿を見ながらつぶやいた。彼は一編の詩を残して去っていった。

敵の弓の矢で人が命を
失わない日はありません
そして人々が、自分の手足を
失わない日もありません
敵の残酷な火が村を焼き尽くさない

日もありません
親を亡くした子どもたちの泣き声が
聞こえない日もありません
心が二つに割れず、自分の家族から犠牲者をださなかった
日をすごしたこともありません
国の砂漠のあちこちは、シャヒードのお墓の上につけられた
ロウソクの灯りでいっぱいです
春がいまほど、犠牲者の血で赤く
美しくなっていることはありません
歴史の本は戦いについてたくさん書いてはいるけれど
書かれていないこともたくさんあります
この貧しい人々のためには
神が力を貸して勝利をものにするしかありません
おーい、戦士たちよ、バラバラになっている戦士たちよ
努力してまとまって下さい
結果は貴方たちのものなのだから

手帳いっぱいに詩を書きつけていたカリル。軽い安らかな寝息をたてて寝たカリル。イン

ド、アフガン、中国を経て日本に伝わった仏陀のやさしい顔立ちを思わせたカリル。

カリル、貴方からとうとう明るく楽しい詩は聞けなかったけれど、いつか、そんな詩が貴方の手帳を満たす時がくるに違いない。いやきてほしいと私は願う。

**俺も戦士だ**

マンスールの一行がパンシールを訪ねてきた。彼らの昼食のもてなしの準備に、ジャンガラックの家の者も戦士たちも皆忙しく立ち回り、働いていた。一行に昼食をだし、その合間に我々だけであわただしく簡単な食事をすませていた時、マスードの一行が到着した。

ほかで昼食をすませてくるものと思っていたので用意はなく、我々のパラオ（油いためご飯）の皿から羊の肉塊を取り出し、マスードの食卓にあわてて持っていった。マスードと一緒にきたプジュグル（バザラックから二時間ほど上流の一カラルガ）の若い司令官が、我々の食卓に割って入ってきた。そして、おうように残り少ない肉を一人で食べ、そこで食べていた人々にあれこれ指図するのに、わが家の使用人ファラーが突然声を荒らげた。「司令官がムジャヒデン（聖イスラム戦士）なら、俺だって一人のムジャヒデンだ。同じ戦士なのに、その態度は何だ」と怒鳴りはじめた。その場にいたズィアもヌロゴも、ハビブも皆、黙っている。当の司令官もファラーの正論に何もいえずにいる。いつもは、突然の訪問客でも、食卓に呼びこみ、少ない食物でも皆で一緒にいただく。それが、アフガニスタンの美徳でもあるのだが、それにはそれなりの礼儀がある。さも当然といった彼の態度に、ほとんど無給に近い安い金で働くファラーも頭に血が昇ったに違いない。私はなかなかいうもんだと、そ

の正論に内心拍手を送る。

前に、マスードの副官のビスミラーが、マスードの席に座り、我々とでかけたことがある。運転手はショウブデンだ。ビスミラーは若く才能のある男だが、すこしわがままで傲慢なところがある。ルハの手前で、マスードのもう一台のジープがやってきた。ビスミラーはその車の者と話をするために、ショウブデンに車を止めさせたが、まだもう一台のジープの運転席とは一メートルくらい離れている。「後ろに下がれ」「下がりすぎだ。前に」と、降りて話せばすむことなのに、五十センチくらいの移動を運転手のショウブデンに司令官然として命じた。ショウブデンの怒りは爆発し、薄くなった頭から湯気をたてるようにカッカして「自分を何様だと思っているんだ」と怒鳴る。やりすぎたと思ったのかビスミラーがなだめようと肩をだくが、手を払いのけて、目的地まで一切、口をきかなかった。

五人もの子どもを育て、妻もある彼だが、その老齢をおして、自らすすんで戦士になって働いているのに、二十歳そこそこのビスミラーの尊大な態度は、いくら実力があっても我慢できなかったのだろう。皆、同じ戦士で、同じ危険を冒し、しかも無給で働いている。実力があるだけでは戦士たちはついてこない。それに人柄や思いやりが加わって、人は初めてついてくるのだろう。

最近、客人の連続で忙しさの増したわが家にルハのカラルガから家事の助っ人にきた男がいる。彼にしても、妻を爆撃で失い、ソ連を憎む一人の戦士だが、給料もなく、裏方の洗濯や炊事にいそしんでいる。最初、彼が「妻を亡くした」というのを私は信じようとしなかった。「写真がある」という彼に、「じゃあ、見せてくれ」と迫った。アフガニスタンで女性の写真を見せることはまずないということを知りつついったのだ。彼はやはり見せてくれなかった。何十日か彼と一緒に暮らし、私の帰国直前にもう一度、いってみた。彼はしばらく考えていたが、胸から幾重にもビニールにつつまれたものを大事そうにとりだした。

それは退色した一枚のカラー写真だった。そこには彼の妻が、ぼけた映像の中に、ショールをはおって写っていた。その時、私は彼が心の奥にしまいこんでいた大切な秘密をのぞきこんでしまったような気がした。無給で働く彼には、第二の妻を娶ることも当分できないだろう。私がいよいよジャガラックの家をでるという時、彼はマキ割りをしていた。その彼との別れの抱擁が、なぜか、一番辛かったような気がする。

司令官でもなく、英雄でもない、こんな人々の働きが〝パンシールのマスード〟を、〝マスードの戦い〟を支えているのだとも思う。

## アフガンのイスラム信者たち

戦争前、アフガニスタンでは九〇パーセント以上の人々が読み書きできなかった。以前のカブールでは、通りに机一つをだして代筆業をする人々をよく見かけたものだった。戦争が行われている今、その数字は変わらないだろう。それでも戦士たちや若者には字の読める者が多い。

アフガニスタンでは人々は子どもの時から、コーランの文句を注釈付きで、よく暗記している。だが、宗教とは、ただ文句を暗記するのではなく、自分で何度も聖なる書を読んでは読みかえし、その真の意味を常に追い求めていくものだと思う。

ただ口からでてくる棒暗記（意味は知っていても同じ）の文句では、礼拝のたびにその文句が心に訴えかけてくるということは少ないだろう。ムラーや宗教指導者、そしてマスードたちは、暇があれば、コーランを読み返し、その新しい意味を取りだそうとしている。ただ、それが形式になってしまえば、「皆がやっているから、やらなければまずい」ということだけになる。

マスードが八年前、最初の戦いを始めた時、ついてきた人はごくわずかだった。それがソ連が侵攻して以来、ほとんどの人々がなだれをうって戦士側に加わってきた。が、それはイスラム革命を目指してという革新的な発想からではなく、自分たちの伝統社会とその価値観が崩れ去るという恐怖心によるものであったろう。特に八〇年以降に蜂起した人々は「土地を失いたくない」「地位を失いたくない」という現実的な打算で動いたのではないだろうか。

十一年前にマスードがイスラム回帰運動を始めた当時でも、人々は当然、皆、イスラム教徒であった。もちろん、慣習化したイスラムの信者を含めての話だが……。マスードたちの運動の原点は、現実の中で、真のイスラム精神が退廃していること、貧富の差が広がり、人々は抑圧されていて、コーランの訴える平等の精神や教育の義務もままならず、地位・名誉・金に固執する社会だったからだ。それは共産主義運動が広がっていく背景ともなった。その病んだ現実を前に、一つの流れはイスラムへ、もう一つの流れはコミュニズムへと変革の炎が燃えさかっていったともいえる。

が、人々がその根源を理解できずに、ただ慣習を守るために聖戦に参加したとすれば、元のザヒール・シャーの時代が再来し、元の習慣どおりの生活に戻れば、反乱は収まってしまうということになる。

マスードが一番、恐れているのはそこだろう。だが、マスードはいまの聖戦の現実を認識しつつ、機会あるごとに人々にイスラム革命の意義を訴え、保守的な人々の意識を漸次、変革しようとしている。各地の若い司令官たちが、イスラム革命とその精神を本当に認識し肯定しているなら、変革の確率は高いといえる。若い彼らが、今やすべての行政権を握り、統治を行っているからだ。彼らが、ソ連撤退後もそのまま力を失わずに改革を行おうと思えばできるかも知れない。しかし、ザヒール・シャーの帰還で、人々の心が揺れていることが、何よりもマスードたちと一般の人々の意識のずれを露呈しているといえるのかも知れない。

### アサド、去りゆく若者たち

私はいよいよパキスタンに出発しようとしている。仏人医師や若い戦士たちと、パンシールの北のダシュテレワテで隊長ズィアの到着を待っていた。パンシールでの生活も百日を超えようとしていた。

戦士の一人が私の荷を手にとり、「パキスタンに着いたら、これを俺にくれ」という。アサドは「ジョークだから、気にするな」と苦しそうにいい添える。「これをくれ」「これをオレに」という言葉を、いままで何十人の戦士たちから、聞いたことだろう。ズィアやマスードは決してそんな言葉は口にださない。そんな言葉を簡単に外人に投げつける戦士たちを見るのは耐えがたいことに違いない。それは彼らの表情を見ているとわかる。

アサドはマスードやズィアと同じカブールのイステクラン（フランス方式による学校）をパルチャミ支持者の教師と喧嘩して中退、聖戦に参加するためにパンシールにやってきた。私に「いい加減、ここの生活には耐え切れない。何もなく、何もできない。パキスタンで空手や英語のコースをとりたい」という彼。

私が「ラマダンなのにロザ（断食）をとらず、またチャルス（大麻）を喫うのは良いモスリマーン（イスラム信者）ではない」というと、彼は「ロザをとること、一日中、何も食べず、それを暑さと乾燥の中で一カ月も続けることが健康に良いと思うか」と切り返してきた。「健康にいいはずはないが、信仰する以上、コーランに書いてあることを百パーセント信じ、守るべきだろう。健康は科学だが、現在の科学——人間が知り得ていることは少なく、知り得ていないことの方が多い——以上に宗教は人々の潜在的な大きな力を引きだすことができる。君たちがソ連軍と戦って、勝ち続けているのもそれだろう。百パーセント、イスラムを守らず、ただ形式で、人々にあわせてやっているなら、他のこと、一日五回の礼拝も意味がないからやめるべきだ」と反論する私に「その通りだ。ヒロミの考えは正しい」と認める。

一緒のアイダルにしても、「ペシャワールでビールを飲もう」と私にふざけていったので、私は目をむいて彼を睨みつける。本当の敬虔なモスリムは間違えてもそんなことはいわないからだ。私の百パーセント完全モスリム主義に、ある戦士は「私は七〇パーセントしかモスリムじゃない。チャルスを喫うから」と答えた。アサドは「パキスタンで、自分は何をした

◀疲れたのか、腰を下ろし、両手で顔を覆ったマスード。若い戦士たちが戦いに

いのかゆっくり考えたい」といったが、仏人のクリストフは「彼はもう戻ってこないだろう」と私にいう。

ここで一緒に出発するズィアの到着を待っている間中、ラジオでインド音楽ばかり聞いて、うっとりした表情をつくり、映画の中のヒロインがするように手を差しだしてシナを作り、音楽にあわせて身体をくねらせるアイダルに、私はあきれて「デオナ（バカ）じゃないか」といった。彼は「冗談だ、君を笑わせるためにやったんだ。ここに何がある。食べて寝て、食べて寝て終わりだ。ここに残っているのは鉄砲を撃つのがインテリジェントだと思っている連中だけだ。言葉が話せて、知識のある人々は皆、アメリカやドイツ、イギリスに逃れてしまった」と語気を強める。

「マスードもそうなのか。マスードは残っているじゃないか」というと「彼は別だ」といって目を下に落とす。そして再び顔を上げると「このラジオだって、時計だって、車だって日本製だ。アフガニスタンは、この服のボタンさえ満足に作れないんだ」と彼は投げやりに言い放つ。「君は戻ってくるのか」というと、「五年後に」と答える。「五年後！ ここでの戦いは？」という問いには答えず、「パキスタンでパスポートを買うんだ。そしてインドに行ってみる」と彼はいった。

このアサドやアイダルのようにパンシールを去っていく若者も多い。マスードはそのことを知っていても、どうしようもない。パキスタン行きの許可証には、彼のサインが必要だが、彼は黙ってサインをするしかない。そんなパンシールの英雄になり切れなかった若者たちと、

◀髪を[illegible]にゆわえてもらった男の子。無病息災の願いを込めたアフガンの習慣だ。

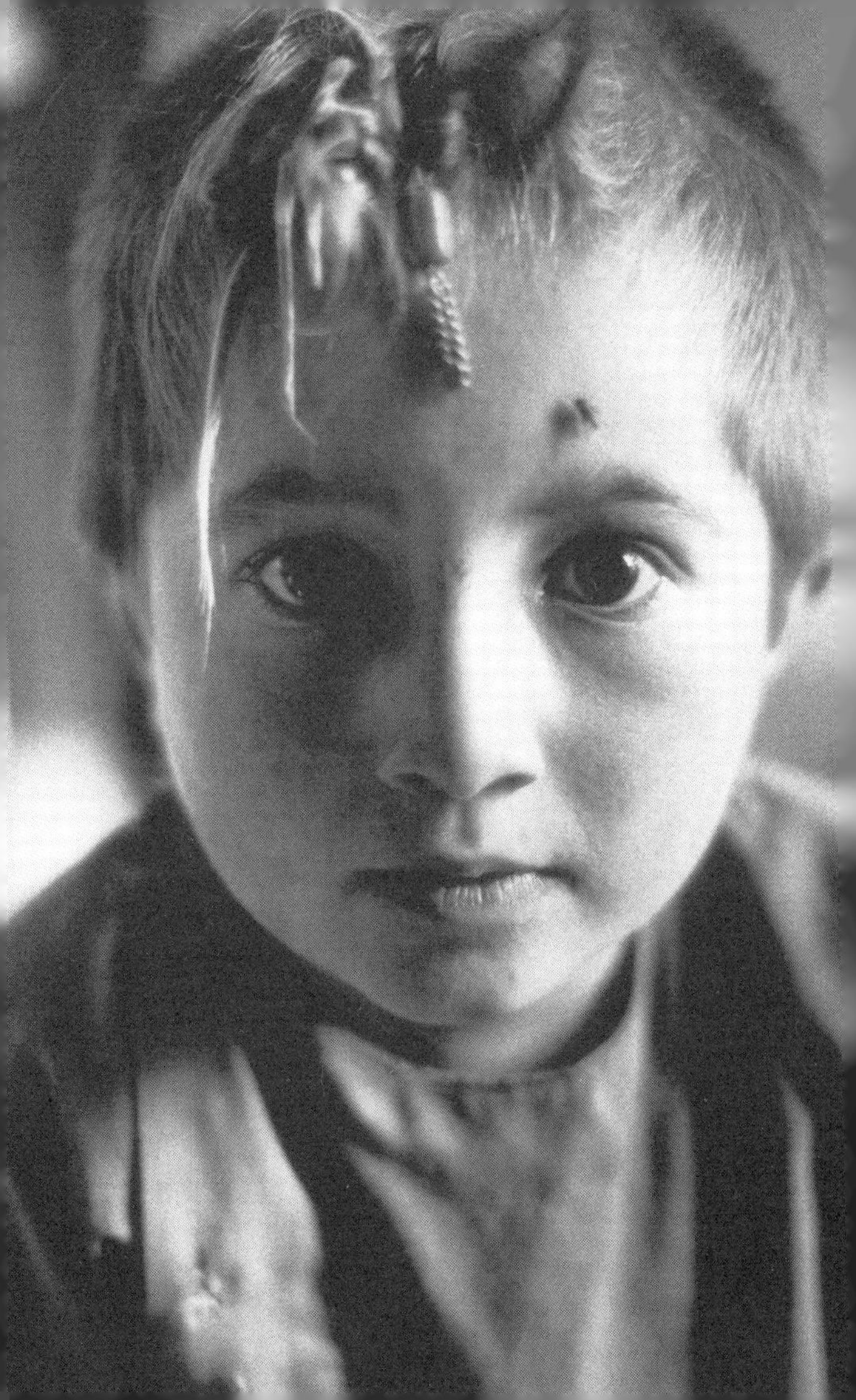

私はパキスタンにでた。

ズィアが愛する詩人。その彼もパキスタンに逃れた一人なのだが、その彼が祖国を思って作った詩、三編を紹介する。

一

人はそれぞれの故郷をもっているけれど
私のふるさとはどこだろう
私たちの「アラー・アクバル」の叫びは
国中の監獄の中にも響いているだろう
私を実の母親以上に育ててくれた国
その太陽が母親以上の暖かさを与えてくれた国
私が悲しい時に、母親以上に悲しんでくれた国
その大切な美しい国のすべてはどうなっているのか
私にとっての人生の意味は半減してしまった
私にはどうしても、母親ともいえる国が必要だから

二

母国の想い出
おーい、友だちよ
今夜、私はまた、私の人生を創ったふるさとを、母国を思いだした

私にとって母国は、鳥の暖かい巣のようなもの
母の懐のようなもので私に限りない郷愁をいだかせる
今夜、また母国のきれいな月と夜空に輝く星を思いだしました
私は、国の美しい花壇を思いだしました
血と涙でいっぱいの心の中で
それらの思いでは大事な宝石のように輝いています
私は、聖なる死者のお墓の上につけたロウソクをみると
母国の真っ赤なチューリップを思いだします
おーい、雨よ、どこから降るのですか
雨を見ると、自分の国の中で泣いているお母さんを思いだします
怪我した鳩のような母を想うと、ワシの残酷さが思い浮かびます
子どもたちの恐怖の表情を見ると、アフガンの中の戦車の轟音を思い起こします
自由だった祖国、アフガニスタン
いま、そこには死肉にたかるハエと人々の流す涙しかありません
手に何も持たない貧しい国民を思いだし
また同時に、彼らの戦ってきた歴史、彼らの戦う精神を思いだしました

三

神よ、私はもう我慢できません

ガラスのような心が、石の下でこなごなになりそうですから
おーい、暗い夜よ、貴方は私の人生のようだ
空のずっと端っこに見える星よ
貴方は暗い人生の中で恋人のようだ
夜空の暗い雲よ、貴方は私の思い出のように
泣きながら雨を降らしている

他の地域が戦争に疲れ果て、銃を捨てても、パンシールだけは残り、聖戦を続けていくに違いない。

パンシールで他の戦士たちが銃をおいても、マスードだけは戦い続けていくに違いない。

八年前に少数の同志と戦いを始めたように、再び無の中からでも、戦い始めるに違いない。

この戦争に勝てなかったとしたらこの国のイスラム信仰は間違いなく退潮するだろう。が、イスラムの教える理想の人間像を体現しているマスードだけはイスラムをすてないだろう。

休戦協定の話し合いで私の見送りにこれなかったマスードに、私はそっとつぶやいた。

「ペーロズ、ボシヤッド（貴方の勝利を祈る）」と。

# あとがき

私が百日間、滞在し取材したパンシール峡谷。そこには司令官マスードだけでなく、彼と共に戦う五千人のイスラム戦士がいました。この五千人の戦士たち、決して世界のニュースでは報じられることのない人々によって、英雄マスードの〝戦い〟は支えられているのです。

私を受け入れ、友人として扱ってくれた Masoud と、彼を取りまく人々――弟の Zia, Shonio, Shukul, Habib, Nurogo, Sami, Toujudin, Shoubudin, Amon, Muslim たちの温かい協力で、取材とこの本が成ったといえます。その彼らに「Bisyal, Tashakol !」（本当にありがとう）と心からお礼をいいます。

マスードの十年間の戦いは、この物静かで、詩を愛し読書好きな若者を、人々への思いやりと強靭な忍耐力を持つ、たくましい革命指導者へと育てあげました。また、彼の素晴らしい個性は、天分のものに加えて、彼がイスラムを知り、その教えに忠実であろうとする努力の中から生まれたものであることは否定できません。この傑出した個性を持つ司令官マスードが、アフガニスタンの統一戦線形成の〃中核〃であり、彼が、今後のアフガン情勢の鍵を握っているのは間違いありません。彼の統一、そして平等なイスラム共和国の創出は、五千万人のパンシールの戦士たちの夢であり、二十万以上といわれるアフガンのイスラム戦士たちの夢でもあると思います。

本を制作する過程で、資料や歌のテープを、ペルシャ語から日本語に翻訳して下さった「アフガニスタンを愛する会」の Amir Mohabad さんにこの場をかりてお礼申しあげます。今回の取材旅行については、木野穣さん、岩崎雄さん、大槻尊光さん、アミン・コーヒさんたちのお世話になりました。また出版にあたっては、朝日新聞出版局の丹野清和さんの口添えがあり、それがなければこの本が誕生しなかったことを最後に書き加えたいと思います。

一九八四年二月

長倉　洋海

## ●参考・引用文献

フランソワ・ミッセン『地獄からの証言』サンケイ出版局
エドワード・ジラーデッド『アフガニスタンのレジスタンス兵士とともに』クリスチャン・サイエンス・モニター紙一九八一年九月二三日〜九月二五日号
吉村文成『ゲリラ戦長引きそう、アフガン情勢』朝日新聞一九八〇年一月一〇日付
前田哲男『軍事介入三年のアフガニスタン』朝日ジャーナル一九八二年一二月一〇日号
フレッド・ハリデイ『アフガニスタン――社会と革命』「世界から」一九八一年号
米国務省文書『占領下の二年間』――「アフガニスタン二つの資料」から
恵谷治『アフガニスタン最前線』芙蓉書房
ホルシッド・アフマド『イスラームの家族生活』日本イスラミック・センター
ムハンマド・アサド『宗教は過去のものか』日本イスラミック・センター
アリー・ハサン・エルサムニー『創造主を求めて』日本イスラミック・ソサイアティ
M・A・クルバンアリ『イスラームと女性』日本イスラミック・センター
日本イスラミック・センター編『イスラームの生き方』日本イスラミック・センター
アハメド・ラシッド『タリバン――イスラム原理主義の戦士たち』講談社
『Afghanistan』Louis Dupree ―― PRINCETON PAPERBACKS
『Report on Afghanistan』Kuldip Nayar ―― ALLIED PUBLISHERS PRIVATE LIMITED
『Afghanistan Crisis』Tahir Amin ―― INSTITUTE OF POLICY STUDIES, ISLAMABAD
「Panjshir valley's ceasefire」Arabia, August 1983
「Mirror of JEHAD」May/June 1982, March/April 1982, January/February 1982 ―― Political Committee of Jamiat-i- Islami, Afghanistan
「ENGLISH－AFGHAN DARI, DICTIONARY」S. SAKARIA ―― Ferozsons Ltd, Peshawar

# マスードの見た夢

## アフガニスタンとの出会い

私が初めてアフガニスタンを訪れたのは、まだ大学生だった一九七五年。同志社大学で探検部に所属していた私は、アフガニスタンの遊牧民調査を計画した。そのころ、アフガニスタンの遊牧民に関しては、断片的な調査報告しか存在しなかった。宿営地での遊牧民の生活の記録、あるいはごく短期間の同行記はあったのだが、遊牧民と長期間にわたって生活を共にした者はいなかったと思う。私は遊牧民たちの生活に密着、その報告を日本に持ち帰るつもりでいた。

準備を整えて大学を一年間休学。勇躍、アフガニスタンに乗り込んだ。まず、カブールの安宿に泊まり込み、ファルシー（アフガニスタンで話されるペルシャ語）の勉強を三か月間みっちりとやろうと思っていた。遊牧民との旅に必要な会話くらいはマスターしたかった。しかし、市場でのやりとりやホテルのボーイ相手に話すだけではなかなか上達しない。本当に大丈夫かと不安になることもあったが、ただ勉強を続けるしかなかった。

カブールの安宿には南京虫がたくさんいた。退治しても退治してもベッドに南京虫がたかってくる。夜になってベッドにもぐり込むとちくちく刺される。耐えきれずに飛び上がって電灯をつけると、南京虫が私のベッドに向かって行列を成していた。これでは屋外で寝たほうがましだと、ベッドを安宿の屋上に持ち出して、カブールの夜景を眺めながら眠った。異質な風土、初めての食べ物、いかめしいひげ面の男たち……。日本が恋しくなると、星空を見上げて『北帰行』や『アカシアの雨がやむとき』など日本の歌を大声でがなった。

三か月が過ぎると、私は南のカンダハール、北のクンドゥスと、各地へ足を運んだ。しかし、遊牧民はなかなか受け入れてくれない。いまにして思うと、得体のしれない外国人を受け入れろというほうが無理な注文だろう。がっかりしてカブールに戻ると、ホテルで働いていた若者が「ぼくの村に遊牧民がやってくる。父親ならあなたを彼らに紹介できる」というので、アフガニスタン中央部ハザラジャードの村に向かった。そこでしばらく生活していると、遊牧民がやってきた。遊牧民のリーダーは「三か月後にまたここに来なさい。そのときに連れていこう」と約束してくれた。日本から持ってきたゾーリンゲンのナイフを約束の印にと渡して、彼と別れた。しかし、約束の日に間に合うように村を訪ねると、遊牧民は次の宿営地に旅立ったあとだった。あんなに堅く約束したのに……。私は悄然とカブールに戻った。クンドゥスの大学生とも知り合って、近くの遊牧民に次々と接触したが、これもやはりダメだった。

帰国の日が迫った。私はとうとう遊牧民と国境を越えて旅するという目的をまったく果たせないまま日本に帰ることになった。「遊牧民は国家や国境に縛られない自由の民だと憧れていたのに、みんな臆病で小心ではないか。結局はヒツジと牧草のことしか考えていないんだ」と若かった私は傲慢な怒りにふるえていた。頼まれてももうこんな国に二度と来てやるものかとさえ思った。

学生時代に私が見たアフガニスタンは、平和そのものだった。カブールのバザールには人も物も溢れ、活気に満ちていた。アフガニスタンはまた、世界中のヒッピーの聖地ともなっていたため、欧米からやってきた若者たちの姿も目立った。カブールの若者たちも、ジーンズをはき、欧米の音楽や映画に夢中になっていた。イスラム国家としての面影は確かに薄らいでいた。

だが、水面下ではさまざまな動きが始まっていた。一九七三年には王政が倒され、ソ連の援助を受ける新政府が成立していた。これに反発するイスラム回帰運動が展開されつつあった。この年、私と同じく大学生だったマスードが、武装蜂起を企てて失敗、パキスタンに逃れたことをのちに知る。アフガニスタン全土でイスラム回帰運動に対する政府の警戒が厳しくなり、遊牧民たちが自由に移動できなくなっていたこともののちに知った。いったんは私の同行を許可してくれた遊牧民のリーダーも、外国人である私を連れていき、軍や警察とトラブルになるのを恐れたのかもしれない。

日本からふらりとやってきた若者の思惑をはるかに超えたところで、アフガニスタンは激動の時代を迎えつつあったのだ。私はそんな気配を微塵も感じることなく日本へ帰った。

## 裏切られた予測

大学を卒業した私は、通信社でカメラマンとして働きだした。しかし、次第に日々の仕事にあきたらなくなり、いつしかフリーのフォト・ジャーナリストとして世界の紛争地帯の取材をしたいと思うようになっていった。通信社に入って三年目の一九七九年、アフガニスタンにソ連軍が侵攻。前年の一九七八年にはアミンら軍の熱狂的な共産主義者たちがクーデターで政権を握ったが、これに対してイスラム勢力が各地で蜂起。ソ連は、イスラムの反乱を招いた急進的な政策を止めさせようと圧力をかけたものの、聞き入れられなかったため、軍事介入に踏み切り、アミン革命評議会議長を排除し、親ソの立場に立つカルマルを議長に据えた。

ソ連軍侵攻のニュースを聞いたとき、フリーになろうと決意を固めていた私は、チャンスだと思った。言葉も分かるし、土地勘もある。世界をあっといわせる写真を撮ってやろう……。一九八〇年秋、ひとり立ちして間もない私はふたたびアフガニスタンに向かった。

カブールの北東タガブで抵抗を続けるイスラム戦士の部隊に同行した。夜間、バグラム空軍基地周辺の地雷原を彼らと共に歩いた。地雪を踏んだらどうしようと、前を歩く戦士の足跡をなぞるように歩いた。だが、月も見えないまったくの闇夜。足を踏み出すごとに寿命が縮む思いだった。

私は彼らの村にソ連軍がやってくるのを待ち構えた。しかし、ソ連軍は来ない。おまけに家から一歩も出してもらえず、気が滅入るばかりだった。決定的な戦闘の写真を撮りたいと思っていた私は焦った。ある日、となり村のパンチャガンから若い司令官アハムッドがやってきた。彼は「自分たちの村にはソ連軍が必ずやってくる。こっちに来てみないか」といってくれた。私は彼の言葉に飛びつくように、パンチャガンに移動した。パンチャガンでは自由に出歩けた。子どもたちとも仲良くなった。そして、いよいよソ連軍が来たという知らせが入った。ところが、アハムッドに「あぶないからいまは避難してくれ。必ずあとで呼ぶから」と退避するように命じられた。だが、私が村に戻れたのは、ソ連軍との戦闘が終わったあとだった。破壊された建物などの写真は撮影できたものの、私が撮りたかった決定的な戦闘の写真は撮れなかった。「こんなに苦労してやってきたのに、なぜ避難させたのか」と私はアハムッドをなじった。「自分は戦闘を撮りに来たのだ」とも口にした。いま思えば、戦っている彼らに対してあまりに身勝手な非難だった。なにより彼らは私の身の安全を考えてくれていたのに……。だが、そのころの私には、血気にはやる自分を振り返る余裕がなかった。すまなそうな顔をした彼の表情が忘れられない。

それ以上の取材を断念した私は、国外に脱出する難民と共に、パキスタンに抜けた。たくさんの人たちが家を捨て、家財道具をロバや馬の背に積んで、寒い山中を凍えながら歩いていた。その光景を目にしながら「イスラム戦士たちはソ連軍を国外に追い出すといっているが、持っているのは旧式の猟銃や散弾銃ばかりだ。こんな貧弱な武器で世界最強のソ連軍に勝てるはずがない。彼らの抵抗もじきに止むに違いない」と思った。

しかし、日本に帰国して、一年経っても二年が過ぎても彼らの抵抗は続いた。死傷者も一〇〇万を超えた。こんなに血を流してまでどうして戦うのか。自分は彼らの思いをきちんと取材してきたのだろうか。破壊された家や壊れた戦車、そして死体と難民……。劇的ではあっても、これらの写真は戦争の表層だけしか捉えていないのではないか。後悔が胸を満たした。

そんなころ、マスードの存在を知った。前回の取材で知り合ったイスラム戦士が送ってきた抵抗運動の機関誌に、マスードが紹介されていた。私と同じ年頃の若者が、数千のイスラム戦士を率いてソ連軍の大攻勢を幾度も撃退しているという。他人と一緒に行動するのが苦手で、どちらかというと独立独歩の気風を持つアフガニスタン人をひとりの若者がまとめあげていることに興味を持った。機関誌でマスードを知った直後に、イギリスのテレビ局が撮影したマスードの映像もテレビで見た。対ソ戦の原動力になっているという。アフガニスタンで、私が遊牧民を追っていたころ、同じく大学生だった彼は、イスラム理想回帰の運動に身を投じていた。貧富の格差や教育と近代化の遅れなどをイスラムによって改革しようとしていたのだ。

私と同年代のマスードを通じて、アフガニスタンの国と人を、アフガニスタンの戦争を、もう一度見直してみよう。高所からではなく、ひとりの若者の目線から戦争を捉えたい。きっといままでと違うアフガニスタンが見えてくるだろう。そのためにもマスードと共に生活してみたいと思った。

マスードの本拠地はパンシール峡谷。ヒンズークシ山脈に一二〇キロにもわたって深く切れ込んだ大峡谷だ。一九八三年、私はパキスタンからアフガニスタンに潜入する戦士たちに同行して、標高五〇〇〇メートルにも達するヒンズークシ山脈を十日間かけて越え、ようやくパンシール峡谷に入った。戦士たちは渓谷に入ると三々五々、目的の集落に散っていき、さいごには馬子（まご）のほかは私ひとりになってしまった。マスードがいるというバザラックに向かって、パンシール川沿いの道をひたすら歩いた。

どうにかバザラックにたどり着き、マスードを訪ね歩いた。戦士や村人たちが、見知らぬ外国人にマスードの居場所を「あっちだ」「こっちだ」と簡単に教えてくれるのがおかしかった。実際にはなかなか彼の居場所を見つけられなかったが、なんとか「ここに間違いない」という民家の玄関先に立つことができた。

その二階に案内されたとき、マスードは眠っていた。側近らしい男たちが何人か周りに座っていた。私に向かって「静かにしろ」というように口に手をあてて見せた。だが、気配に気づいたのか、目を覚ましたマスードは、警戒の視線を私に向けた。思わずこちらがひるんでしまいそうな鋭い目差しだった。私は取材の意図を学生時代から習い覚えたファルシーでマスードに一気に語りかけた。必死だった。ファルシーを操る見知らぬ外国人に興味を覚えたのか、マスードの表情がふと弛（ゆる）んだ。話を聞き終わると微笑んだ。そして私に向かって「タシャコール」（「ありがとう」の意）と静かにいった。取材が受け入れられた瞬間だった。

この出会い以来、十七年にわたって、ソ連軍や政府軍と、そして政府を打倒してからは暫定政権国防相として反政府勢力と、そしてさいごにはタリバンと戦い続けるマスードと仲間たちの姿を追ってきた。学生時代にはじめて足を踏み入れてから、二十七年間に十一回、アフガニスタンを訪れ、延べにして七〇〇日は滞在したことになる。はじめはそんなに好きではなかった国なのに、不思議な縁としかいいようがない。この長期にわたる取材を支えるきっかけとなったのが、マスードの「タシャコール」のひとことだったのだ。

## マスードとの日々

行動を共にしてみると、マスードは実に精力的な人物だった。組織化の旅に、戦闘の指揮に、司令官たちとの会議に、そして住民の相談に応じるなど、常に忙しく動きまわっていた。用件が終わると、さっとジープに乗り込んで次の目的地へと向かう。行動が素早くて、ふたりのボディガードや運転手や秘書も、そして私もあわててマスードのあとを追う日々が続いた。

睡眠時間も極端に短かった。あわただしい昼間の時間が過ぎても、夜は夜で仕事がある。マスードの執務室の灯火は遅くまで消えることはなかった。おそらく一日四時間ほどしか眠っていなかったはずだ。そのくせ、だれよりも早く起きる。まだ眠り込んでいる戦士たちを起こして、みんなで祈りの時間を持つ。

海外からのジャーナリストがマスードのインタビューの機会を待っていた。私もインタビューをしたかったが、マスードは彼らを優先する。私には「まだまだここにいるんだろう。時間はあるよ。あとでもいいじゃないか」と笑う。それでも忙しさの合間を縫って折々にマスードに話を聞く機会はあった。なによりも身近にいることができたため、写真はいくらでも撮ることができた。制限はなかった。マスードは必死に追ってくる同年代の私にシンパシーを感じてくれたのだろうか。彼のあけっぴろげな対応を、いまでも不思議に思うことがある。

マスードは一九五三年、パンシール峡谷のジャンガラック村に生まれた。父親が軍人だったために、転勤が多かった。そのためマスードはアフガニスタン各地を転々としながら成長した。そんな生活のなかで、彼は多民族国家アフガニスタンを知る。この経験が民族の違いを乗り越えようとする信念を育てた。若いころから敬虔なイスラム教徒だったマスードは「多様な文化を持つさまざまな民族が、イスラムという共通の価値観で一つにまとまっているのがアフガニスタンという国なんだ。分離独立するのではなく、多様性を維持したまま平和な国にすることが大切だ」と、私にいつも語っていた。

建築家をめざしてカブール大学の工学部に進学したマスードは、在学中に親ソのダウド政権打倒をめざすイスラム回帰運動に参加。一九七八年には、二十八人の仲間たちとパンシール峡谷を拠点に時の政権に対し戦いを開始した。マスードがパンシール峡谷から政府軍を追い出した直後に、ソ連軍がアフガニスタンに侵攻。一九八〇年春以降、六度にわたった「パンシールの戦い」でソ連軍に大打撃を与えたマスードの名前は、世界に知られるようになった。

　パンシール峡谷には十万人もの人々が暮らしているが、マスードが戦い始めたころ、住民たちは決してまとまってはいなかった。カブールにも近く、人々の往来も盛んだ。首都への出稼ぎ者もたくさんいた。政府に対して立ち上がったマスードに対して反感を持つ人々もいた。

　学生時代の失敗から、人々の支持がなければ戦えないとマスードは学んでいた。マスードはパンシール峡谷の人々に、この戦いは侵攻に対する戦いであり、真のイスラムを取り戻そうと説いた。それだけに、自分にも戦士たちにもきびしかった。住民の相談に応じ、寝る間も惜しんで働いた。住民に対して威丈高になったり不正を働いたりした戦士を呼びつけて、なぐりつけるのを目撃したこともある。

　先頭に立って働くマスードのバイタリティは、戦士たちを圧倒していた。むくつけき戦士たちも、どちらかというと華奢なマスードに従っていた。ただ、権力に対しては淡白だったように思う。戦争が終わったらどうしたいのかと尋ねたことがある。「国を解放したら、大学に戻って勉強をやり直したい」とマスードは答えた。後年には「貿易関係の仕事をやってみたい。アフガニスタンの人々が喜ぶものを輸入したいんだ。失敗したっていいじゃないか。どうせなにも失うものはないんだから」と話していた。

マスードは日本にも大きな関心を持っていた。アフガニスタンに野心を持ち続けてきた大国ロシアと戦って勝った国として、第二次世界大戦で国土を破壊されながら復興を遂げた国として、そして一九七〇年代には水道の普及や医療など、細々とではあったが野心のない援助を実施した国として。アフガニスタンの人々は我々の想像以上に日本に親近感を抱いていた。

そして、「アフガニスタンが平和になったら日本に行くよ。そのときはオマール（アフガニスタンでの私の通称）の家に泊めてくれ。ただ、仲間たちと行きたいから、総勢六十人くらいになるかなあ。オマールの家はそんなにたくさん泊まれるほど大きいかな」などと冗談まじりにいっていた。さらに話題は新幹線や青函トンネルにまで及んだ。公害はどうなっているのか、日本の政党はどんな政策を掲げているのか。さまざまな質問が飛び出した。日本への関心は、戦士たちにも共通していた。若い戦士たちは「日本では恋人たちはどんなふうにデートをするのか」などと好奇心いっぱいに尋ねてきた。「もう戦いに疲れた。平和な日本で休養したい」という戦士もいた。

私がマスードと長く暮らせたのは、彼が自分の価値観を他人に押しつけることがなかったからだ。戦いに疲れて「国外に出たい」という戦士にも、なにもいわずに許可を与えていた。本当は彼らの力を必要としていたのにもかかわらず、戦いを強要しなかった。さすがに戦士の喫煙は禁止していたが、タバコを喫う私には「客人なんだから喫って構わないよ」といってくれた。そういわれると喫えないもので、私はマスードの前では決してタバコを口にしなかった。

ただ、ケシの栽培にはきびしかった。「イスラムに反する」からだ。アフガニスタンはケシ栽培が盛んだ。ケシの栽培を資金源とする司令官もいる。だが、マスードはケシ栽培に手を染めなかった。マスードの資金源はエメラルドの採掘だった。パンシール峡谷奥地のエメラルド鉱山では一〇〇〇人以上が働いていたが、これは複数の個人の鉱山だった。イスラムでは私有権を侵してはならないので、マスードたちは原石を一手に買い上げ、それをヨーロッパに輸出していた。この利益が資金源となるのだが、とても足りるものではなかった。当時、米国は対ソ戦の支援のため武器をイスラム戦士側に供与していた。その武器の受け入れ国であるパキスタンが自国の意を汲むヘクマチャール派に大部分を流し、自主独立を唱えてもっともソ連軍を苦しめていたマスードのもとにはほとんど渡さなかった。

それでも、マスードは「時間がかかっても、必ずソ連軍を追い出すことはできる。しかし、そのためにはゲリラ各派がまとまらなければならない」と統一戦線の結成に力を注いだ。さらに未来の青写真も描いていた。総選挙の実施。女性の解放。教育制度の確立……。マスードはアフガニスタンに平和が訪れたときに、イスラムの教えに基づきながら行うべきさまざまな施策について、夢を語った。

フリーとなったころ、私はベトナム戦争の報道写真に見られるような戦場写真を撮りたいと思っていたが、やがて、それだけではなく戦争の奥深くにある背景や人々の思いを捉えたいと思うようになった。実際にアフガニスタンの人々は、戦争など望んでいなかった。その彼らがどうして戦わざるを得ないのかまでを伝えられなければ、本当に戦争を伝えたことにはならない。反戦の力にもならない。そう思うようになった。また、そこにはマスードという個人を捉え切れないで、世界や人類を語ることなどできないのではないか、などという大それた気持ちもあった。マスードと出会って、さらに周りの人々の気持ちも知るようになった。彼らが愛し守ろうとするものが少しずつ見えてきた。そして、それにつれて私の写真も変化していったように思う。

## カブール入城

アフガニスタン情勢は劇的に変わっていった。一九八八年、ソ連軍が撤退を開始したのだ。その後も反政府勢力各派と政府軍の戦いは続いたが、一九九二年、遂にソ連が支援する社会主義政権が崩壊した。

　マスードたちがカブール入城を目前にしているというニュースに、私はあわててアフガニスタンに向かった。カブール入城に間に合うかどうか、微妙な状態だったが、幸いなことに、カブール北方のチャリカールで合流することができた。四月二十九日、マスードは三〇〇〇人の戦士と共に五〇〇〇台以上の車両を列ねてカブールに入った。私もその入城の車列のなかにいた。

　カブール入城の直前に、社会主義政権のナジブラー大統領が辞任した。首都への鉄の扉といわれたジャバルサラージが陥落したのを知り、政権を投げ出したのだ。第一副大統領ムータットがマスードに「政権を委譲したい」と持ちかけてきた。すでに政府軍のほとんどはマスード派に合流していた。

　このとき、マスードが権力を志向していたら、すぐにでも首都に乗り込んで新政権を樹立しただろう。実際、自派で政権を掌握しようとしたグループもある。しかし、マスードは反政府勢力各派に連絡を取り、共に暫定政権を樹立しようと呼びかけた。呼びかけたなかには対立を続けていたグループもあったが、ヘクマチャール派をのぞいた七派が合意した。政権の枠組みは、パキスタンに逃れていた各政治グループのリーダーに委せた。こうして成立したのがイスラム暫定政権だった。各派の協議の上で

◀（上）装甲車に乗り、カブールを目指すマスード（一九九二年四月二十九日）

大統領に就任したのはもっとも小規模なゲリラ組織のリーダー、ムジャディディ。新大統領がカブールに到着したのを確認してから、マスードはカブールに入った。自分がまっ先にカブールに入れば、後日の対立の原因になる恐れがあると判断したのだ。マスードは暫定政権の国防大臣に就任した。

アフガニスタンは束の間の平和を迎えた。人々が街にあふれ出て、喜びの表情を見せていた。学校も再開された。戦士たちも「故郷に帰って農業をやるんだ」「車の修理工場をやりたい」と将来の夢をうれしそうに語っていた。そんな声を聞きながら、私はこの平和が続くことを祈っていた。

この平和は、間もなく破綻する。隣国パキスタンの反発があり、米国や日本など諸外国も新政権を認めなかった。暫定政権の内部分裂が起こり、パキスタンがこれを助長、ヘクマチャール派、続いてドスタム派がカブールに無数のロケット弾を撃ち込む事態となった。市街は廃墟と化し、各所で戦闘が始まった。マスードは国防大臣として首都防衛に奔走するしかなかった。

そこに登場したのがタリバンだった。ヘクマチャールでは勝てないと判断したパキスタンが新たに支援したのがタリバンだ。「世直し」を謳(うた)うタリバンは、各地で勢力を伸ばしたが、資金源はパキスタンやサウジアラビア、アラブ首長国連邦(UAE)

などの援助によるものだった。このタリバンにはアルカイダをはじめ、世界の過激なイスラム原理主義者たちが合流していった。

一九九五年、タリバンは首都カブールに攻勢をかけるが、マスードらに撃退される。その翌年、タリバンは豊富な資金力によって、暫定政権の司令官を買収。首都の防衛ラインは崩れた。これ以上カブールで戦えば市民に多くの犠牲が出ると判断したマスードは、首都撤退を決意。一日で首都撤退を完了させると、パンシール峡谷に向かった。その直後にタリバンがカブールに入城した。

ソ連軍が撤退したあと、アフガニスタンは世界から忘れ去られていった。タリバンの攻勢も、たまにメディアに取り上げられることがあっても、民族対立による抗争として片付けられた。アフガニスタン情勢は、世界の目の届かないところで混迷を深めていった。

## 苦悩の日々

カブールがタリバンの手に落ちたあと、反タリバンの拠点だったバーミヤンやマザリシャリフも陥落、主だった反タリバン各派のリーダーたちは国外に逃れた。マスードはパンシール峡谷に立てこもり、タリバンを迎え撃とうとしたが、ソ連軍の二の舞いを恐れてか、タリバンはパンシール峡谷には入らなかった。

タリバンが制圧した地域では、過激なイスラム思想が強いられた。弾圧を受けた人々や難民たちがパンシール峡谷に流入。パンシール峡谷はタリバンからの避難民であふれた。国連や国際機関の援助物資はタリバンの道路封鎖によってパンシール峡谷には届かなかった。難民たちは悲惨な状況に陥っていた。

軍事物資も欠乏していた。インドやロシアがマスードを支援していたと報じられたが、実際には微々たるものに見えた。あるとき、戦闘もないのに対空砲の発射音が聞こえた。マスードは「あっ、十ドル消えた。あの弾丸、一発十ドルするんだ」とつぶやき、すぐさま「撃った兵士をすぐに連れてこい」と命令した。マスードは細かい金額まで実によく把握していた。戦士たちの軍服や軍靴、武器などの多くはロシア製やイラン製だったから、ジャーナリストが「外国からの援助物資ですね」と指摘すると「これはいくらいくらで購入しています」とマスードは率直に答えていた。それでもその記者の書いた記事をあとで見ると、ただ「ロシアやイランから援助を受けている」と報じられていた。

マスードは外国からの援助の受け入れには慎重だった。「アフガニスタンのことはアフガニスタン人が決める。そのために私たちは戦ってきたし、これからもそうだ」と語っていた。外国からの義勇兵や、兵力の直接支援も断り続けていたほどだ。

だが、劣勢は明らかだった。パンシール峡谷の司令室で、マスードが無線機にしがみついて必死に相手に話しかけているのを目撃したのもこのころだ。タリバンに攻められて陣地を放棄しようとしている前線指揮官から無線が次々と入ってきていた。マスードは指揮官たちに、山に逃れて戦え、がんばれ、と呼びかけていた。タリバンに金銭で買収される司令官もあとを断たなかった。

このような大変な時期にもかかわらず、マスードは落ち込むことはなかった。「もう終わりか」と絶望する戦士たちも多かったが、「二十八人の仲間と戦い始めたころを思えば、いまは楽だよ」といっていた。マスードにとっては政権を支えるためにカブールで戦ったときのほうが苦しかったに違いない。日に日にカブールが破壊され、たくさんの市民が傷ついていった。「一度はソ連軍から取り返した首都をパキスタンの傀儡（かいらい）勢力に奪われるのは悲しかった」とマスードは首都撤退のときの心境を語った。

住民たちの団結は堅かった。マスードがシューラ（住民代表者会議）の席上で住民代表と話し合ったとき、出席した全員から「私たちはタリバンに降伏するつもりはない。みんな銃を取って戦う」ということばが返ってきたという。その後、タリバンの手に落ちた地域の奪還が続いた。

このころ、マスードはただ一度だけ、タリバンの指導者オマル師と衛星電話で直接話し合ったという。オマル師はマスードに降伏を勧告してきた。降伏すればマスードの生命と地位は保証するという内容だった。マスードはこの勧告を拒否した。

が、肉体が確実に消耗しているのが分かった。顔に刻まれる皺や白髪も増えた。逆に睡眠時間はますます減っていった。私がマスードのからだをマッサージすることもあった。マスードは「さすがに空手の国の人だね」といいながら、気持ちよさそうに眠ってしまった。自分からいい出すことは滅多になかったが、私の腕がよかったのか「オマール、マッサージを頼むよ。インタビューの時間を二倍にするから」などと軽口もたたいた。

マスードはどんな苦境にあってもユーモアを忘れなかった。とげとげしくなりがちな緊迫した状況でも、マスードの周囲にはあたたかい空気が流れていたような気がする。前線からひっきりなしに司令官たちがやってきて、「弾薬がない、食糧がない、毛布も靴もない。なんとかして欲しい」とマスードに迫った。マスードにも打つ手がない。「なんとかやりくりしてくれ」と繰り返すばかりだ。それでもあきらめない司令官に向かって、マスードはカブールから持ち帰った本の山から詩集を取り出すと、好きな詩を朗読した。いらだっていた司令官もこれには気勢をそがれる。あきらめ顔で天を仰ぎ、深い溜息をつくしかなかった。

朝食の席ではこんなことがあった。私に向かって「オマール、ブタ肉はどんな味がするんだ。酒を飲むとどうなるんだ」と尋ねてきた。どちらもイスラムでは禁じられ

◀（上）カブール防衛の作戦を指示する（一九九五年）◀（下）パンシール渓谷の最前線に立つ（一九九七年）

ている。正直に答えていいものかどうか迷いながら「日本人にはブタよりもウシの肉のほうが人気がありますよ」などとしどろもどろになって答える私の様子を見て、みんなが笑い出して、座がなごんだ。

しかし、家を焼かれ、行き場を失った難民を見るのはつらかった。人々も疲れ切っていた。パンシール峡谷の住民が難民の窮状を見かねて「ハートが砕けそうだ」と私に話しかけてきた。地域の人々は難民を助けようと懸命だった。私はアフガニスタンの戦いがなかなか終わらないことにいらだっていた。マスードに「どうして戦いが終わらないのか」と強く迫ったりもした。マスードは「これは内戦ではない。傀儡政権との戦いなんだ」といつになく気色ばんだ。首都攻防のさなか、マスードはタリバンの陣地に少人数で乗り込み、戦闘を避けるために和平提案をしたこともあったという。その後も「あなたがたタリバンが国民の支持を得ているというのなら、選挙をしようではないか。私はその結果に従う」と提案してきたが、タリバンはさいごまで応じなかった。

マスードにとって勝利とはなにか聞いたことがある。彼は「パキスタンやタリバンも含めたすべての勢力が、戦争では解決しないということを知ること。みんなが話し合って平和な状態をつくり、国民が選挙によって自らの将来を決めること。それが最大の勝利です」と答えた。

マスードはアルカイダをはじめとするテロリストが戦いに加わっていることも指摘した。「私たちが戦っているのはテロリストだ。私たちが戦いを止めれば、このテロリズムは世界に拡がっていく」と断言していた。最初にこの話を聞いたとき、大げさ過ぎるのではないかと思った。当時の私には、アフガニスタンの戦いが世界に拡大するなど予想できなかった。だが、米国で同時多発テロが起きたとき、ああ、マスードがいっていたのはこのことだったんだ、と遅きに失したが、私は知ることになる。

## その死まで

タリバン政権は支配が長引くにつれて強圧的な面が明らかになってきた。女性の権利の抑圧や娯楽の禁止などの極端なイスラム原理主義。制圧地域の住民の虐殺。裁判なしの処刑もあった。

マスードは新たな動きを開始した。反タリバン戦線を構築しようと、近隣諸国に亡命していたかつてのイスラム暫定政権のメンバーを訪ね、再起をうながした。こうして二〇〇一年の春に再結成されたのが反タリバン連合救国イスラム統一戦線だった。日本や欧米の報道では「北部同盟」と呼ばれているが、これは軍事同盟であって政治同盟ではない。それぞれの立場の違いを乗り越えて反タリバンで団結しようという組織だ。過去には互いに戦ったグループも共に参加している。

マスードは国際世論に訴えるため、ヨーロッパへも飛んだ。EU議会では、テロの脅威を訴え、「私たちは援助を乞うているわけではない。私たちを支援するかどうか、決めるのはあなたたちだ」と語った。EUの首脳とも会談した。マスードはさいごまで威厳を失うことなく、アフガニスタンの窮状を訴えた。だが、マスードの人柄を誉める人物はいても、具体的な対策には結びつかなかった。ヨーロッパ各地に亡命していたアフガニスタン人が、マスードに会おうと押しかけたという成果はあったが。

マスードは対ソ戦時代からほとんど海外に出たことがなかった。最初の蜂起に失敗してパキスタンに逃れたときと、かつての暫定政権のメンバーたちの亡命先のイランに出かけたときくらいのものだ。側近に聞くと「自分がいない間になにかあったらどうする。だれかほかの者が行ってもいいのではないか」とヨーロッパ行きにはさいごまで渋っていたという。なんとかマスードその人に欧米に向かってアフガニスタンの危機を訴えて欲しいと願った側近たちが、マスードを飛行機に押し込むように旅立たせたという。

タリバンはマスードがヨーロッパで認知されたことに相当の焦りを感じたようだ。バーミヤンの石仏破壊によって、タリバンに対する批判も高まっていた。それでもマスードはタリバンとの戦いが長引くのを予想していた。性急なカブール奪還を主張すいた。

る司令官に「まだ早い。少しずつタリバンを追い詰めていくしかない」と説き続けていた。

二〇〇〇年にパンシール峡谷を訪ねたとき、マスードは自宅の新築にとりかかっていた。それまでは父親から譲られた二間だけの家に暮らしていたのだが、今度は本格的に自分の家を建てるのだという。建築家志望だったマスードのことである。自分で設計図を引き、材料も指定するなど気合いが入っていた。忙しい合間を縫っては現場に顔を出し、大工たちに注文を付ける。「門の場所が少しずれている。ここはこうしてくれといったじゃないか」などとうるさい。大工たちがうんざり顔を見せようがお構いなしだ。大きなガラスを嵌めた二階の寝室からは、パンシール川とヒンズークシの山並みが見渡せた。大好きな故郷の風景を毎朝眺められる。私には「家を建てたので金がなくなった。しばらく日本には行けそうもないなあ」と話していた。

私は自宅の新築に夢中のマスードの姿を見るのがうれしかった。やっと家族とともに暮らす家を作ったのだ。自宅の新築は「絶対にパンシール峡谷を離れない」というマスードの決意の証でもあった。

マスードは、戦いが長期化するのを見越して、発電所や大学の建設計画も練っていた。水力発電の技師をタジキスタンから招いて、現場を下見させていた。大学はチャリカールに六校も作るのだといっていた。マスードは「いつか必ずアフガニスタンは平和になる。そうしたらアフガニスタンの再建だ。けれども平和になってから人材を育成したのでは遅すぎる。だからいまから教育が必要なんだ」と口癖のようにいっていた。

マスードの唯一のなぐさめは読書だった。本を読んでいるときのマスードは、すべての労苦から解き放たれたかのような表情を見せた。カブールから撤退するとき、退去の時間が迫っているにもかかわらず、三〇〇〇冊の蔵書を持ち帰った。二十年以上にわたって戦争が続いたアフガニスタンでは、書物は貴重品だ。いつか図書館を作りたい。これもマスードの夢のひとつだった。

## テロに倒れる

タリバンは、圧倒的な武器と資金を持ちながら、四年かけてもマスードを殲滅（せんめつ）できないでいた。マスードの抵抗は続き、タリバンは次々と新手を繰り出してきた。二〇〇〇年の夏、タリバンは大攻勢を開始した。このとき、チャリカールがタリバンにふたたび奪われ、大学の建設は不可能になった。新たな難民も出た。

八月末には、タリバンが拠点タロカーンの市外四キロにまで迫ってきた。マスードは私を呼ぶと「荷物を持て」という。異議を唱えられないほどきびしい表情だった。私とマスードたちを乗せたヘリは、最前線の山の頂上に着陸した。無線機や飲料水、毛布を持って戦士たちがヘリから降りた。私も一緒に行こうとすると、マスードは「降りるな。このまま行け」と首をふった。ヘリのエンジン音で会話を交わすこともできなかった。私はヘリに残った。ヘリが離陸してから「降りたほうがよかったのではないか」と後悔の気持ちが湧き上がったが「また会えるはずだ」と自分を納得させるしかなかった。私を乗せたヘリはそのままタジキスタン国境へと向かい、これがマスードとの終の別れとなってしまった。

マスードは私を無事に日本に帰そうとしたのだろうか。以前、最前線に向かうマスードに同行して岩山を登ったときのことだ。最後尾を歩く私が頼りなげに見えたのだろう。私の両肩に手をかけ、「オマール、ここには地雷があるんだぞ。生きて日本に帰りたくないのか」と怒鳴るようにいった。また、病み上がりの司令官がマスードを頂上まで案内しようとすると「ここに残れ。無理をするな」と押し止めるのも見た。マスードはそんな人だった。

私はマスードの死を予想もしていなかった。ソ連軍に一〇〇万ドルの賞金を懸けられ、政府軍やヘクマチャール派に何度も生命を狙われながら、危機を乗り切ってきた。一年前のインタビューでは「私の父は九十三歳まで生きた。私もそれくらいまでは生きるよ」と話していた……。

マスードが反タリバン連合の司令部がある北部のホジャガルディンで、ジャーナリストを装ったアラブ人の自爆テロに倒れたのは、二〇〇一年九月九日。アメリカで同時多発テロが起きるわずか二日前のことだ。ベルギー国籍のパスポートを持つこの二人のアラブ人は、英語とフランス語に堪能で、ジーンズ姿だった。テロリストには見えなかったという。

テロリストたちはマスードにインタビューしながら、ビデオカメラの内部にセットしていた爆弾と自分のからだに巻きつけていた爆弾を爆発させた。そのとき同席していたマスード・ハリリ（駐インド大使）は、瀕死の重傷を負いながらも一命を取り留めた。彼の証言によるとテロリストが、マスードに「カブールを奪還したらオサマ・ビンラディンをどうしますか」と質問した。マスードが答えようとした瞬間に爆弾が炸裂したという。

マスードは安全には気を遣ったが、身の保全に汲々（きゅうきゅう）とはしていなかった。移動先やこれからの予定は決して口にしなかったが、車を乗り換えたり、大勢のボディガードを連れ歩くこともなかった。私が逆にこれで大丈夫かと心配するほどだった。乗る車もいつも同じだから、パンシールの人が見ればすぐに「マスードが来た」と分かる。

マスードは周囲の人々を信頼し、いつも平然と身をさらしていた。地域の人々もみんなでマスードを守ろうと努めていた。だからこそ過去の暗殺計画は成功しなかった。

ただ、マスードは海外からのジャーナリストにはなるべく会おうとした。アフガニスタンの現状を、海外に知らせるための貴重な機会だと考えていたのだろう。それがテロリストにはマスードの弱点と映った。彼らは周到に用意を進めてマスードに近づいた。だが、マスードは虫の知らせでも感じたのか、彼らのインタビューになかなか応じようとはしなかった。テロリストは二週間も待ち続けた。その日もマスードはインタビューに応じずに、ヘリで前線に飛ぶ予定だった。ところが悪天候のためにヘリが飛べなかった。そこで、彼らのインタビューに応じることになったのである。

マスードの暗殺はテロ組織アルカイダによると考えられている。アルカイダの領袖オサマ・ビンラディンはタリバンに多大の資金と兵力を提供してきた。一方、タリバンのオマル師も、アフガニスタンが灰になってもビンラディンを米国には引き渡さないと彼を庇護してきた。

マスード暗殺は、タリバンの全国制覇を助けるためと、同時に米国へのテロ攻撃による報復に備えるためでもあった。アフガニスタンを完全に制圧しておけば、米国に攻撃されても、世界のイスラム教徒に向かって、「主権国家アフガニスタンへの侵略だ」と主張できる。米国へのテロが間近に迫っていたからこそ、国内での最大の敵であるマスードを早急に取り除こうとしたのではないか。
マスードという強力な指導者がいれば、その後の米軍の行動もかなり制約されたものになっていたはずだ。マスードが生きていたならば、市民を巻き込む米軍の空爆は、決して許さなかっただろう。

マスードは事件の一年ほど前から、死を予感するような言葉をしばしば口にしていたという。義弟のショーイディンは「マスードが、自分が爆死する夢を見たというんだ。家族に遺言書を書きたいといった。だけど、姉にそんな不吉なことはしないでと押しとどめられた」と教えてくれた。義父のトゥジュディンは、死の五日前にマスードが、庭を散歩しながら「これが最後の散歩になる」と洩らすのを聞いたという。同じ日、十二歳になる息子のアフマドには「私が死んだら、家を見下ろすあの丘に遺体を埋めるんだぞ。私はあそこでお前たちを見守っている。困ったことがあったら、いつでも相談に来い」と命じている。実弟のズィアは「神の定めたもうたこととは分かっていても、家族のことを思うと、兄はもっともっと生きていたかったはずだ」と私に話した。

## マスードの見た夢

マスード暗殺の二日後に起きた米国での同時多発テロ。アフガニスタンのニュースを知ろうと合わせたチャンネルで、世界貿易センタービルの地獄を見た。ビルから逃れようと必死だった人々……。その犠牲者は三〇〇〇人に迫った。生命を奪われた人ばかりか、残された家族の気持ちを思うと、胸が痛んだ。

タリバン政権下のアフガニスタンでは、テレビが禁止されていたため、同時多発テロの衝撃的な映像をその目で見た人は数少ない。秘かに外国のラジオ放送で事件を知った人たちが口伝えで町に広めたようだ。しかし、映像を見なくても、アフガニスタンの人々は、切実にあの事件を受け止めただろう。二十二年も戦いが続いたのだ。肉親や友人を失う痛みと悲しみをだれよりも知っている。

そして、米国の爆撃が始まった。アルカイダ掃討を大義に掲げても、アフガニスタンの一般住民を巻き込むことは許されない。パキスタンと共にタリバンを育て上げ、タリバンのアフガニスタン国内での抑圧にはなんの関心も払おうとしなかった米国。その身勝手さに怒りが湧いた。

そして、タリバン政権の崩壊。暫定政権の成立。ロヤジルガ（国民大会議）の開催。

アフガニスタン状勢は一年前には思いもよらなかったような変転を遂げた。国家再建への世界の支援、そして予定される総選挙。武力による対立と衝突を繰り返してきた各勢力が、対話と交渉による和平に合意した。まだまだ解決しなければならない問題は多いが、二十二年間も戦いが続いたアフガニスタンにとって画期的な出来事だ。

タリバン政権崩壊直後の二〇〇一年十一月に私が見たカブールは、学生時代に訪れた二十七年前のカブールやマスードと一緒に入った九二年の頃とあまり変わらなかった。もちろん、あのころは町は破壊されていなかった。町の空気とでもいえばいいのか。人々の表情、あるいは喧噪(けんそう)や雑踏とか、そんな雰囲気が昔に戻っているような気がした。

かつてソ連が建設したミクロヤン団地に暮らす女性たちは「マスードは女性の解放のために戦った指導者です」という。イランから帰還した女性は「マスードは私たちの希望でした」と語った。もちろん礼讃の声ばかりではない。「マスードは私たちをタリバンから守れなかった」とマスードを責める難民もいた。戦闘に巻き込まれた市民もいる。「マスードも軍閥のひとりに過ぎず、戦いを長引かせた」という非難もあった。が、マスードのよき友でもあったDr.アブドラ（二〇〇一年から外相）は「軍閥とは自分の野心のため、人々の声を聞かずに戦争をする人のことです。マスードはアフガニスタンの自由と独立のために、自らの生命を捧げて戦った指導者です」といった。

私は戦争には反対だが、マスードが戦ってきたから、テロリストと共にアフガニスタンを支配しようとしたタリバンの全国制覇をくい止めることができたのではないか……。いずれにせよ、マスードの評価はこれからの歴史が、そしてアフガニスタンの人々が決めることだろう。

マスードのいないアフガニスタンは、やはり寂しい。それでも、街を歩く女性たち、わいわいと騒ぎながら学校に向かう子どもたち、市場の活気、そんな光景が私の悲しみをやわらげてくれた。

マスードの仲間たちは、だれもがマスードの写真を欲しがった。マスードをいつまでも忘れず、そして、自らを元気づけるために。彼らの多くがこういった。「活気と笑顔が戻ったこのカブールを、マスードに見せてやりたかった」……。

マスードはいま、パンシール峡谷のバザラックを見下ろすサリチャの丘に眠っている。マスードの廟所はレンガを積んだ円形の小さな建物だ。内部に入るとちょうど人間の背丈ほどにこんもりと土盛りがある。この下にマスードが眠っている。

廟所には絶え間なく参拝者が訪れ、花を手向けていく。パンシール峡谷の人たちはもちろん、カブールからやってくる人や帰国したばかりの難民、国連や援助機関の人間なのか外国人の姿もある。女性や子どもたちもやってくる。静かにコーランを読む者、瞑想にふける者、涙を流す者。マスードの墓に、人々は平和を祈っているように見えた。

カブールで生まれつつある平和が、一日も早くアフガニスタン全土に拡がっていってほしい。決して戦争にあと戻りさせてはいけない。十年前には世界が手をこまねき、この国を見捨てた。今度こそ、世界がアフガニスタンの平和をあと押しすべきだ。そうすれば、アフガニスタンだけでなく、世界から見捨てられたと絶望的になっている世界各地の紛争地の人々にも希望の光を投げかけられる。

マスードは平和なアフガニスタンを目にすることなく逝った。が、どこか空の高みからアフガニスタンを見守っているような気がする。あの少年のような笑顔を浮かべて。

二〇〇二年九月

『獅子よ瞑れ』河出書房新社（二〇〇二年十月刊）より

＊アフガニスタンで人々はファルシー（ペルシャ語）を話していますが、近年アフガニスタン独自の言語としての「ダリ語」という表現が使われるようになっています〔筆者註〕

▲タロカーンの司令部で笑顔を見せる（2000年）

# その後のアフガニスタンとアフマドの戦い（二〇〇二年〜二〇二一年）

マスードが逝ったあと、私は大きな喪失感を抱えた。マスードのいないアフガニスタンには魅力を感じられなくなっていた。もう訪れることもないだろうとも思った。私はマスードが愛するアフガニスタン、彼が大切に思う人々の姿を捉えようと通いつめていたのだから。

## 二〇〇二年　山の学校との出会い

しかし、マスードの一周忌のあと訪れたポーランデ峡谷での出会いが私を変えた。ここは彼がもっとも愛した場所の一つで、かつて彼が草原で読書している写真を撮ったのもここだった。久しぶりに訪れた私を村人たちはバターやヨーグルトなどを持ち寄り、ささやかな宴を張ってもてなしてくれた。その席で出会ったのがサフダルだった。元イスラム戦士で、マスードに「あなたは教員の免状を持っているのだから、戦うよりも子どもたちに教えた方がいい」と言われて故郷に戻り、一九九七年に地域に学校を立ち上げた。彼の案内で学校を訪れると石を積み上げただけの校舎で中には机も椅子もなかった。子どもたちは地面に這いつくばって、廃材で作ったために隅がかけ落ちて觔斗雲(きんとうん)のような形になった黒板の字を写していた。その姿に、マスードが「教育は一番、大切だ」と話していた言葉が蘇り、私は首都に戻ると六教室分の机と椅子を注文した。窓ガラスを入れドアもつけた。机と椅子が届いた時の子どもたちの嬉しそうな顔。それが支援を始めるきっかけとなった。

学校の横を流れるポーランデ川の水は用水路を伝ってマスードの実家にも流れていたから、「この子たちはマスードと同じ川の水を飲んで育ったんだ」と思うと、強い親近感が湧いた。この学校の子たちがアフガニスタンの再建と復興に役立つ人材になれば……。そんな思いで、十八年間、マスードの思いに伴走するように支援を続けた。

## 二〇一九年　アフマドとの再会

二〇一九年の山の学校訪問時、カブールで、マスードの長男アフマドに会うことができた。イギリスでの学業を終え、戻ってきたのだ。すっかり立派な青年になっていた。表情も仕草も父親にそっくりで、若い頃のマスードを彷彿とさせる。マスードの葬儀の席で涙を必死に堪えていた十二歳の時の彼とは見違えるようだ。

若者らしさに満ちた爽やかな笑顔で「オマール。長く会っていなかったね。元気だった?」と話しかけてくる。「父と過ごした時間は少なかったので知らないことがたくさんある。父のことをもっと語って欲しい」というので、マスードが老人や村人にどう接していたか、決して不正や盗みを許さず、戦士志願の少年が来ると、「学校に行きなさい」と家に帰したことなどを話した。その途中、アフマドはふと思いついたように「オマール、父の夢をみることがあるか」と尋ねてきた。私はちょっと戸惑った。しかし、彼は「父が夢に現れて、『ヘクマチャール(イスラム党党首)やドスタム(軍閥の将軍)に破壊された国土の再建をしろ』と言った。私が『そんなこと、私にはできないよ』と答えると、『いや、お前ならできる』と言ったんだ」と、夢から大きな啓示を受けたかのように話すのだった。

翌日、パンシールに向かうアフマドに一緒に行こうと誘われ同行した。彼は家族と暮らした家に入ると、二階のマスードの書斎に案内してくれた。前にマスードと訪れた時はまだ完成していなかった、初めて見る書斎だった。書架を見ると、私の写真集『地を這うように』がこちら向きに立てかけられていた。驚く私に、アフマドは、「父がこうして置いていたんだ。私たちにオマールの写真集を開いて、これはどこか、どんな状況だったかとよく話してくれた」と懐かしそうに話す。アフマドは父の書斎が好きで、ここにベッドを持ち込んで寝ているといった。

▲父親の葬儀で。アフマド十二歳(2001年)。肩に手をかけているのはダウド司令官。

## 二〇二一年　タリバンの攻勢

二〇二〇年は新型コロナのため山の学校訪問を断念したが、「二〇二一年こそは」とアフガニスタンに向かった。北部ではタリバンの攻勢が始まり、幾つかの州都が陥落していた。マスード財団の代表となったアフマドに頼まれて製作していたマスード没後二十年の写真集『Massoud』の序文をもらおうと、財団政治部のオフィスを訪れた。中庭には人々が詰めかけていて、アフマドは大勢の人に取り囲まれていた。誰もが緊迫した表情だった。事態が風雲急を告げていることはその場の雰囲気から見て取れた。

序文を口頭でもらうと私はすぐに山の学校に向かった。途中、破壊されたカブールへの送電塔を何本も見たし、道路脇には路肩爆弾でやられた車両が放置されていた。どちらも一般市民を困らせるためのもので、タリバンが市民のことをまったく考えていない証左だった。

学校はコロナの流行で休校になっていたが、補習授業に来る子がいると聞いて、図書館を訪れた。多くの子が、私に会いたいと来てくれていて心が温かくなった。旧校舎を使ってクリニックが開設されたのはコロナ禍の中でも嬉しいニュースだった。

翌日、アフマドがマスード廟の大きな会議室で集会を開くというので行ってみた。

会場には五〇〇人以上がびっしりと集まり、アフマドの話に聞き入っていた。アフマドが名実ともに、地域のリーダーとなっていることを実感した瞬間だった。集会では、タリバンがアフガニスタンを支配するようになっても、パンシールは自治権や、政府にも地域の代表を含めることを求めるべきだが、認められず戦いになれば最後まで戦うというのが人々の総意だった。

## 二〇二一年夏　カブール陥落

私が日本に帰国した直後からタリバンの攻勢は一気に加速した。米国の撤退期限がいよいよ近づいてきたからに違いない。北西部のシバルガン、北の要衝クンドゥス、バタフシャン、タハールと立て続けに北部の州都が落ちた。軍閥のドスタム将軍や北部最大の都市マザリシャリフのアタ・ヌール（元バルフ州知事）はウズベキスタンに逃れた。まもなく南のカンダハール、マザリシャリフが陥落。ついに二〇二一年八月十五日、首都カブールにタリバンが入った。

最新兵器を持っているはずの政府軍が総崩れになったことに私も驚いたが、その原因は、米軍撤退で士気が下がったことに加え戦うモチベーションが低かったからだろう。指揮官や幹部は投降し逃げ出しているのに、どうして自分たちが命を懸けられるかと思ったに違いない。勢いを得たタリバンは激しい抵抗を受けることなく易々と首都を手に入れることになった。

## 政権崩壊の背景

圧政を敷いたタリバンが二〇〇一年、米軍の爆撃で首都から敗走し、自由の道を歩み始めたと思われたアフガニスタンが、なぜまたこのような状況に陥ってしまったのか。

二〇〇一年のタリバン政権崩壊後に誕生したカルザイ政権に対し、再びテロの温床にならないようにと米国、日本、ドイツなど世界の国々からは多大の復興資金がつぎ込まれた。新政府には、旧イスラム戦士たちが政府の要職に多数、登用された。しかし、それ以降、カブールばかりかパンシールにも三階や四階建ての豪邸が次々と建つのを私は目撃することになる。「このお金はどこから来るのか……。不正の結果だろう」と思うと苦々しい気持ちになるばかりだった。彼らは顔見知りだったが、会いたくもなかった。彼らがマスードの精神を継承せず私腹を肥やしたと思うとやるせなかった。マスードが一番の信頼を寄せていたダウド・ハーン（タリバンの包囲網を破ってタハール、クンドゥス州を取り戻した司令官。のちに内務副大臣）は会議の机の下に爆弾を仕掛けられて暗殺され、ニューズウィーク誌で「未来のための77人」にも選ばれ、駐日大使を務め、外務大臣の指名を受ける寸前だったハロン・アミンは病魔に倒れた。二人ともマスードのことが大好きだった。彼の志を継いで、破壊された国土の再建に燃えていた二人の死は悲しくてならなかった。他にも有望な指揮官や行政官がいたが、多くがタリバンのテロに倒れた。

政権幹部の腐敗で、復興資金のどれほどが庶民に行き渡ったのか……。二〇一五年頃から貧困と失業が目立ち、街中には昼間から薬物吸引に耽る人の姿をみるようになった。急激に人々に広まっていった麻薬は、タリバンの主要な資金源だった。この二十年間、タリバンが勢力を維持できたのも麻薬資金があったからだ。彼らは大麻からヘロインを精製し、パキスタン、中央アジアの近隣の国々だけでなく、ロシアやヨーロッパにも売りさばいていた。麻薬を買うために、タリバンの破壊工作を手伝う人も現れ、治安は悪化した。

そして米国。汚職や腐敗に目をつむった。ロシア、中国、イランに向き合うための軍駐留が主目的で、この国に民主主義を育てることには熱意を注ぐことはなかった。その例が二〇一四年、二〇一九年と行われた二回の大統領選だ。実際の得票数では勝利していたと思われるアフガニスタン国民連合のDr.アブドラよりも、不正票が明らかだったガニの方を後押しし、不正調査を行うこともなかった。マスードの盟友で、タジク勢力に近いDr.アブドラ（タジクとパシュトゥーン人の混血）よりも主要民族パシュトゥーン出身のガニの方が安定すると考えたからだ。二〇二一年、タリバンが首都に迫るとガニは逃亡したが、Dr.アブドラはタリバンとの交渉地カタールから舞い戻り、タリバンから国民の安全と自由の保証を取り付けようと尽力した。どちらが大統領として適材だったか明らかだろう。マスードの時も、タジク出身だからと米国はマスードを過小評価し、9・11の同時テロを招くことになった。そして、今回も。

## 脱出する人々

米国は民主主義が根付くのを見届けることなく逃げ出したが、それでも二〇〇一年のタリバン政権崩壊後、アフガニスタンでは女子の教育は進み、仕事に就く女性も増えていた。たくさんの大小のメディアが誕生し、政府の汚職やアフガニスタンの問題点をレポートしていた。ビデオを手にした女性ジャーナリストも生まれた。女性教師が教師の半数以上を占め、女性の警官や検察官が誕生し、議会には女性議員が登壇した。しかし、タリバンが再び権力を握ったことで、女性の教育を受ける権利は奪われ、女性が活躍できる場は失われようとしている。

圧政を予測して多くの国民が国外に脱出しようとした。外国機関で働いた人や旧政権の幹部だけでなく、女性ジャーナリスト、スポーツ選手や音楽関係者などだ。一九七九年のソ連軍侵攻、一九九六年から五年間続いたタリバンの力の支配、そして今回の武力制圧。そのたびに、復興を背負うことができる有能な人材が国外に去ることになり、アフガニスタンは痩せ細っていくばかりだ。

アフマドの戦い

そんな中で、タリバンに対し、自由と自治を求め、声を上げたのがアフマド・マスードとパンシールの人たちだった。タリバンの首都制圧以降、和平交渉が始まったが、タリバン側は「武器を置き、地域を引き渡す」ことを要求、交渉は決裂し、タリバンの攻撃が始まった。アフマドが結成したNSF（国民抵抗戦線）にタリバンへの投降を拒否した政府軍の部隊などが加わり、戦いを優勢に進めたが、タリバンを支援するパキスタン軍のものと思われるドローン攻撃機やジェット戦闘機、ヘリコプターなどが投入され、形勢は逆転した。パンシール川沿いのルハやバザラックなどの主要な地域はタリバンに占領され、それでもアフマドたちは山間部に引いてゲリラ戦を続けている。山の学校があるポーランデにもタリバンが攻め入り、多くの家族は避難して、学校は閉鎖されている。ここまでの出来事がわずか数週間で起こった。

劣勢の中でもアフマドは「アフガニスタンを解放するために私は命ある限り戦います。それぞれの場所で立ち上がってください。声を上げてください」と全国国民に呼びかけた。それに応じるように各地で抗議デモが展開されている。「もうタリバンを許せない。家族のために戦う」と銃を手に立ち上がった人々も加わってきた。戦いの行方はわからないが、アフマドの存在が、自由を求める人々の「光」であるのは間違いない。いつか、「タリバンという暗雲」が晴れる日は必ず来ると信じ、アフマドは、「国民のために捨て石になってもいい」という覚悟を持って戦っているに違いない。

二〇二一年九月九日はマスードの二十周忌だった。その日、マスード廟に入ったタリバンは墓石を引き倒し、コーランが書かれた墓を覆うガラスを割った。

マスードの娘マリアンはその報に接し、こう綴った。

「マスードは一握りの土ではありません。マスードはガラスや石でもありません。マスードは道です。マスードは信念です。簡単には消えません」

マスードが望んだ「自由と独立」。そして、さまざまな民族が違いを持ちながら生きていくアフガニスタンはまだ実現していない。しかし、彼が蒔いた種は消えずに人の心に残っていく。この大地からアフガン人が決してなくならないように。

私は忘れない。あなたのことを、あなたの夢を。

二〇二一年九月二十二日　　長倉洋海

◎本書は、一九八四年三月に朝日新聞社より単行本として刊行された『峡谷の獅子——司令官マスードとアフガンの戦士たち』を一九九二年八月に『マスードの戦い』と改題文庫化し（河出文庫）、さらに一部加筆して二〇〇一年一一月に刊行された新版を底本としています。今回の再刊にあたり副題を付し、新たな原稿を増補しました。
◎基本的に、今回の増補部分以外は、すべて原稿は当時のママとしました。
マスードの名前に関しても、近年はアフマド・シャー・マスードと一般に表記されていますが、旧原稿部分はアハマッド・シャー・マスードのママとしています。

また、パンシールについて、著者は近年「峡谷」ではなく、「渓谷」という表現を使用しています。

増補新版

# マスードの戦い

アフガニスタン伝説の司令官

一九九二年 八月 四日 初版発行
二〇〇一年一一月二〇日 新版初版発行
二〇二一年一一月二〇日 増補新版初版印刷
二〇二一年一一月三〇日 増補新版初版発行

著者 長倉洋海

発行者 小野寺優
発行所 株式会社河出書房新社
〒一五一－〇〇五一
東京都渋谷区千駄ヶ谷二－三二－二
電話〇三－三四〇四－八六一一（編集）
〇三－三四〇四－一二〇一（営業）
https://www.kawade.co.jp/

ロゴ・表紙デザイン 粟津潔
本文フォーマット 佐々木暁
印刷・製本 中央精版印刷株式会社



Printed in Japan ISBN978-4-309-41853-7

## イスラム世界

前嶋信次 47167-9

マホメットの教えを奉ずるイスラムの民は、東へ西へとジハード（聖戦）の旅をつづけ、大サラセン文化圏の成立をみる。世界史の重要な鍵をにぎるイスラム文明圏の苦闘と栄光を描いた第一級の概説書。

## 教養としての宗教事件史

島田裕巳 41439-3

宗教とは本来、スキャンダラスなものである。四十九の事件をひもときつつ、人類と宗教の関わりをダイナミックに描く現代人必読の宗教入門。ビジネスパーソンにも学生にも。宗教がわかれば、世界がわかる！

## 信仰が人を殺すとき　上

ジョン・クラカワー　佐宗鈴夫〔訳〕 46396-4

「背筋が凍るほどすさまじい傑作」と言われたノンフィクション傑作を文庫化！　一九八四年ユタ州で起きた母子惨殺事件の背景に潜む宗教の闇。「彼らを殺せ」と神が命じた——信仰、そして人間とはなにか？

## 信仰が人を殺すとき　下

ジョン・クラカワー　佐宗鈴夫〔訳〕 46397-1

「神」の御名のもと、弟の妻とその幼い娘を殺した熱心な信徒、ラファティ兄弟。その背景のモルモン教原理主義をとおし、人間の普遍的感情である信仰の問題をドラマチックに描く傑作。

## 第二次世界大戦　1·2·3·4

W·S·チャーチル　佐藤亮一〔訳〕 46213-4 46214-1 46215-8 46216-5

強力な統率力と強靱な抵抗精神でイギリス国民を指導し、第二次世界大戦を勝利に導き、戦時政治家としては屈指の能力を発揮したチャーチル。抜群の記憶力と鮮やかな筆致で、本書はノーベル文学賞を受賞。

## 第二次世界大戦

上山春平／三宅正樹 47182-2

第二次世界大戦の見えにくい原因を、ベルサイユ体制から明解に分析し、枢軸側は「悪玉」であり、連合国側は「善玉」であるという通念を破る大戦原因論の鋭説。ここに国際政治力学のダイナミズムがある！

## ハイファに戻って／太陽の男たち

ガッサーン・カナファーニー　黒田寿郎／奴田原睦明〔訳〕 46446-6

二十年ぶりに再会した息子は別の家族に育てられていた――時代の苦悩を凝縮させた「ハイファに戻って」、密入国を試みる難民たちのおそるべき末路を描いた「太陽の男たち」など、不滅の光を放つ名作群。

## 戦場から生きのびて

イシメール・ベア　忠平美幸〔訳〕 46463-3

ぼくの現実はいつも「殺すか殺されるかだった」。十二歳から十五歳までシエラレオネの激しい内戦を戦った少年兵士が、ついに立ち直るまでの衝撃的な体験を世界で初めて書いた感動の物語。

## 帰ってきたヒトラー　上

ティムール・ヴェルメシュ　森内薫〔訳〕 46422-0

2015年にドイツで封切られ240万人を動員した本書の映画がついに日本公開！　本国で250万部を売り上げ、42言語に翻訳されたベストセラーの文庫化。現代に甦ったヒトラーが巻き起こす喜劇とは？

## 帰ってきたヒトラー　下

ティムール・ヴェルメシュ　森内薫〔訳〕 46423-7

ヒトラーが突如、現代に甦った！　抱腹絶倒、危険な笑いで賛否両論を巻き起こした問題作。本書原作の映画がついに日本公開！　本国で250万部を売り上げ、42言語に翻訳されたベストセラーの文庫化。

## ユダヤ人の歴史

レイモンド・P・シェインドリン　入江規夫〔訳〕 46376-6

ユダヤ人の、世界中にまたがって繰り広げられてきた広範な歴史を、簡潔に理解するための入門書。各時代の有力なユダヤ人社会を体系的に見通し、その変容を追う。多数の図版と年譜、索引、コラム付き。

## 私はガス室の「特殊任務」をしていた

シュロモ・ヴェネツィア　鳥取絹子〔訳〕 46470-1

アウシュヴィッツ収容所で殺されたユダヤ人同胞たちをガス室から搬出し、焼却棟でその遺体を焼く仕事を強制された特殊任務部隊があった。生き残った著者がその惨劇を克明に語る衝撃の書。

## わたしは英国王に給仕した

ボフミル・フラバル　阿部賢一〔訳〕　46490-9

中欧文学巨匠の奇想天外な語りが炸裂する、悲しくも可笑しいシュールな大傑作。ナチス占領から共産主義へと移行するチェコを舞台に、給仕人から百万長者に出世した主人公の波瀾の人生を描き出す。映画化。

## なにかが首のまわりに

C・N・アディーチェ　くぼたのぞみ〔訳〕　46498-5

異なる文化に育った男女の心の揺れを瑞々しく描く表題作のほか、文化、歴史、性差のギャップを絶妙な筆致で捉え、世界が注目する天性のストーリーテラーによる12の魅力的物語。

## アメリカーナ　上

チママンダ・ンゴズィ・アディーチェ　くぼたのぞみ〔訳〕　46703-0

高校時代に永遠の愛を誓ったイフェメルとオビンゼ。米国留学を目指す二人の前に、現実の壁が立ちはだかる。世界を魅了する作家による、三大陸大河ロマン。全米批評家協会賞受賞。

## アメリカーナ　下

チママンダ・ンゴズィ・アディーチェ　くぼたのぞみ〔訳〕　46704-7

アメリカに渡ったイフェメルは、失意の日々を乗り越えて人種問題を扱う先鋭的なブログの書き手として注目を集める。帰郷したオビンゼは巨万の富を得て幸せな家庭を築く。波瀾万丈の物語。

## 鉄の時代

J・M・クッツェー　くぼたのぞみ〔訳〕　46718-4

反アパルトヘイトの嵐が吹き荒れる南アフリカ。末期ガンの70歳の女性カレンは、庭先に住み着いたホームレスの男と心を通わせていく。差別、暴力、遠方の娘への愛。ノーベル賞作家が描く苛酷な現実。

## お前らの墓につばを吐いてやる

ボリス・ヴィアン　鈴木創士〔訳〕　46471-8

伝説の作家がアメリカ人を偽装して執筆して戦後間もないフランスで大ベストセラーとなったハードボイルド小説にして代表作。人種差別への怒りにかりたてられる青年の明日なき暴走をクールに描く暗黒小説。